湛庐CHEERS

与最聪明的人共同进化

HERE COMES EVERYBODY

姿势跑法

跑得更快，更有效率，不受伤的跑步方法

[美] 尼可拉斯·罗曼诺夫 Dr. Nicholas Romanov
寇特·布伦加 Kurt Brungardt /著
王 澎/译

THE RUNNING REVOLUTION

浙江科学技术出版社

测一测

你了解让跑步更安全、更高效的技术要领吗？

扫码激活这本书
获取你的专属福利

- 有不少跑者声称他们是前脚掌着地，但在观看了自己的跑步视频后却发现，他们实际上是在用后脚跟着地。他们是在有意撒谎吗？（ ）

  A. 是

  B. 否

扫码获取全部测试题及答案，
一起终生享受跑步的乐趣

- 按照姿势跑法的理论，在跑步过程中应该避免：（ ）

  A. 高步频

  B. 轻声落地

  C. 前脚掌着地

  D. 双臂过分摆动

- 远离喧嚣的城市路面，到自然中去，越野跑是一件让人感到很愉快的事。如果你选择越野跑，需要注意：（ ）

  A. 要始终将目光放在前方 5 ～ 10 米

  B. 身体保持放松

  C. 扩大步幅

  D. 始终保持低速

扫描左侧二维码查看本书更多测试题

THE
RUNNING
REVOLUTION
HOW TO RUN
FASTER,FARTHER,AND INJURY-FREE—
FOR LIFE

各方赞誉

每个人都对自己的命运有无穷的期盼，试图创造生命的意义。跑步是一个完整的体验，一个学会参与、磨砺韧性、尊重生命、把握自己的过程。在湛庐跑步书系中，众多世界顶级跑者将自己丰富的经验跟大家分享，而这些都将为拥有不同能力和不同经验的跑者开启一个可以提高成就的新视野。

王　石
万科集团董事会名誉主席

每个人都能成为跑者，但要想成为一名真正的马拉松跑者，必须有勇有谋。湛庐跑步书系以其系统性、专业性、权威性，如师亦友般陪伴我们站到起跑线上！

毛大庆
优客工场创始人

跑步是让身心焕发活力的运动，可如果错用方法，便会带来不同程度的损伤。湛庐跑步书系引进了世界范围内最受认可且经过实践验证的科学跑法，并将它们系统、全面地呈现给大家，以帮助我们健康、高效、不受伤害地跑步。借助这套书系，我们可以根据科学的方法完善自己的训练方式。更重要的是，跑步会促使我们重新思考人生和世界，并且不断地在身体中建立起专注与活力。我们要在这个过程中更多地了解自己，发现自己的潜能，培养自己的心智与精神，进而超越自己。

李小白
新丝路时尚集团创始人，
2016 年中国马拉松十大跑步人物，
中国马拉松大满贯形象大使

湛庐跑步书系一直是我最喜欢的跑步书籍。这套书系不仅仅是我学习跑步的启蒙者和引路者，也在我遇到技术问题时为我提供了许多解决方案。最重要的是，书中的一些理论和理念已经变成我生活方式的一部分。比如，正是《耐力》让我走出伤病误区，走上了科学、健康、快乐的马拉松之路……

卞大巍

合众厚生创始人

我接触的第一本跑步图书是《太极跑》。从那时起，我开始执迷于提升跑步技术，在跑步教学的路上越走越远。迄今为止，我将这本书推荐给了很多人。曾经，我也尝试使用了多种训练方法，来提升我的马拉松成绩。2017 年，我有幸参加了《耐力》一书的发售会，它改变了我的训练理念。从此，我的马拉松成绩有了一次又一次的突破。湛庐跑步书系旨在全面解决跑者可能遇到的各类问题。为此，它全方位聚合了最值得信任的科学跑法方面的图书，组成了一套完整的书系。每一个跑在路上的人都值得拥有这套图书，它会为你打开科学跑步训练的大门。

石春健

春见慢跑俱乐部创始人，

“小低高”跑法提出者，

自媒体栏目“石春健-跑步你问我答”主理人

无论是疯狂喜欢跑步却不知如何提高运动水平的初跑“菜鸟”，还是已创高峰仍想精益求精的跑界高手，都希望拥有能切实帮助自己提高运动水平的理论依据。湛庐跑步书系也许会是最好的选择，无论你属于哪个群体，都能从中找到适合自己的那一本书。只凭自己实践总结，花费时间长，心里没底；有了这套书，也许就能事半功倍。相信我，这是一套对中国跑步事业有着革命意义的书籍。

于　嘉

中央电视台体育评论员、主持人

今天，马拉松成为普通人难以攀登的“珠穆朗玛”。湛庐跑步书系中讲述了一些面对生命里最大挑战而怀有希望、毅力和耐力的人的感人故事。这些作者通过自己的实际经历告诉我们，无论年龄多大，只要怀有自我信念和积极的态度，就能取得伟大的成绩。我相信，读过这套书，你会迫不及待地盼望着下一次跑步！

金飞豹

著名探险家，《绝地撒哈拉》作者

你是不是还在为没有时间接受专业的跑步训练而苦恼？在湛庐跑步书系中，你会收获诸多教练和良师益友。这些作者是最慷慨、最有天赋的教练。如果你无法亲自接受他们的训练，那么这套书就是最好的选择，它们将会送给你开启精彩跑步旅程的钥匙。

谭 杰

《篮球报》总编辑

跑步是最简单的运动，然而把最简单的事情做至完美，则是最难的。湛庐跑步书系体系完整，既有历久弥新的经典之作，又有源自著名跑者的切身体验和科学总结，几乎涵盖了跑步的方方面面。读完这些书，你对跑步的认识和你的跑步生涯，必将上升到一个全新的高度。

晏 懿

《跑者世界》（中文版）副总编

中文版序

跑得更快，更有效率，不受伤害

非常高兴得知我的书即将在中国出版。我的 40 多年的工作成果将要呈现在这个有着优秀的文化和悠久的历史，并且充满智慧的伟大国度，这让我感到荣幸和欣慰。我在高中和大学的时候对中国的历史就有了很多了解，对中国一直心存钦佩，但直到 2007 年陪同墨西哥国家队参加北京铁人三项世界杯赛时，我对中国的各种美好的想象才得以证实。从那之后，我又在不同的时间来过几次中国，目睹了这里的人们对跑步运动的兴趣日益增长。在北京、上海以及其他一些城市，我发现越来越多的人开始在街道、公园或田径场上进行跑步锻炼。我非常希望能够与他们分享我对跑步的见解，那就是如何在不受伤的前提下，跑得更快、更远。而且我认为，在这个有着丰富的传统武术运动文化的国度中，我对跑步的独特见解更容易被接受。人们在跑步时，一定希望尽量避免已经困扰西方国家跑者的各种运动损伤，而正确的姿势跑法（The Pose Method）刚好满足了这一需求。我非常希望，在不久的将来，在中国会出现成千上万快乐而健康的跑者，而他们恰恰也是姿势跑法的受益人。

致我的儿子塞韦林（Severin），
在此真诚感谢他的巨大奉献。正是他的努力才
使这本书得以完成。

· 罗曼诺夫博士 ·

致特蕾西·马克斯（Tracy Marx），
这个总是愿意参与任何变革活动的合作伙伴。

· 寇特·布伦加 ·

引　言

如何像一流运动员那样跑步

现在就让我们把尤塞恩·博尔特（Usain Bolt，牙买加短跑运动员）于2009年在柏林创造世界纪录的百米跑进行一下分解，他总共用时9.58秒，共跑了41步，在地面上的时间为3.20秒，滞空时间为6.38秒。这样看来，他当时简直就是在飞！

如果看到这个视频，你一定会跟1 300多万名观众一样，心生惊讶与好奇。就像任何一个在体育或艺术方面的精彩表演一样，它会使你有一种超越现实的感觉。看到一个人以这样的速度奔跑，至少在现代历史上，这个速度比地球上任何一个人都快，这大大激发了我们对人类运动潜能的遐想，因为它淹没了我们主观意识上的生理限制。

博尔特在冲过终点线后并没有立即停下。尽管他已经试图放慢速度，但还是在向前快速运动，甚至是在依靠惯性前行时，他的身体也还在轻松移动。这时你不会想将目光从他身上移开片刻，也许是因为他的动作太过优雅和高效，也许是你试图以一个教练的眼光从中发现一丝秘密……

不管博尔特是否知道，但他本人就是姿势跑法的典范。就像巴赫、莫扎特和贝多芬都是音乐天才一样，博尔特是一个跑步天才，他完美地利用了人类跑步的自然机制。通过分析他的跑步动作，我们可以发现自然是如何设计我们的机体来为最佳的跑步姿态做准备的。读者在本书中将要学到的跑步技术，就是通过观察世界上最好的跑步运动员总结出来的。

另一个利用姿势跑法的典型就是迈克尔·约翰逊（Michael Johnson）。当他在1996年亚特兰大奥运会上连续夺得200米和400米金牌后，电视台的解说员和运动专栏撰稿人都多次提到他短小连贯的步幅和上身直立的跑姿。在观看视频回放时你会清楚地发现，约翰逊的跑步技术与他的竞争者们完全不同，因为他们跑起来步幅更长，而且身体腰部以上前倾。运动评论员也注意到了这些不同，但没有人去真正分析这个现象。

让我们来到竞赛距离图谱的另一端，这里有奥运会冠军、5 000米和10 000米世界纪录保持者黑尔·格布雷希拉希耶（Haile Gebrselassie）。他在接受运动杂志《跑步时代》（*Running Times*）的采访时谈到他的跑步技术是如何形成的，他说："当我十四五岁时，我的哥哥为了鼓励我跑步送了我一双跑鞋，但是我立刻就把它扔到一边，因为我已经习惯了赤足跑，鞋子对我来说太重了。"赤足跑是了解人体跑步生理机制的最好方法。有趣的是，以上两位跑者一位是有争议的最伟大的短跑运动员，另一位是长跑冠军，但他们都使用了完全相同的跑步技术。

约翰逊在跑步时用前脚掌着地，而他吸引观众眼光的短小流畅的步伐表明了他超高的步频（支撑腿转换的速度）。就是以这样的步伐，他以 19.32 秒这一令人吃惊的成绩完成了奥运会 200 米比赛，这也可能是人类历史上最伟大的 200 米跑。如果你有机会遇到约翰逊或格布雷希拉希耶，然后对他们说“我看到了，你用姿势跑法参加比赛”，他们可能完全不知道你说的是什么。

现在你也许会问，这些和我有什么关系？你能让我破世界纪录吗？如果你只是为健康减肥而跑步，或偶尔参加跑步比赛，我的回答是“不能”。但通过本书的学习，你可以提高跑步技术，降低受伤风险，并跑出个人最好成绩。如果你是一个世界级的优秀运动员，那么我就会说“能”，本书的确能够帮助你打破世界纪录。姿势跑法技术适用于任何速度的跑步，从全力的百米冲刺到悠闲的慢跑都适用。同样，本书既适合优秀的运动员，也适合把跑步当作娱乐的人。如果你能够按部就班地学完全部课程，我的承诺对每一个人都是一样的：

- 你的跑步动作效率会更高。
- 你会跑得更快。
- 你会以最佳的跑步姿势跑得更远。
- 你受伤的机会将减少。

你的身体结构如何适于跑步

在以前谈起跑步时，不管是业余的还是专业的，大家都有这样一个共识，即每个人的跑步方法都是独特的，跑步技术没有正确和错误之分。谁要是反对这个观点，那绝没有好下场。

尽管如此，本书的观点却刚好与之相反：世上的确有一个适用于所有人的典型的跑步姿势。自然给予我们身体以最佳的结构，而这个结构被大部分人所忽视。这样做的结果就是，每年有大概 2/3 的跑者受到了不同程度的伤害，这个比例在任何其他运动中都是不能接受的。

列夫·托尔斯泰的《安娜·卡列尼娜》的开篇就说："幸福的家庭都是相似的，不幸的家庭却各有各的不幸。"类似的话也适用于跑步。所有"幸福的"跑者都是相似的，他们都遵守着一个共同法则，但所有"不幸的"跑者都有各自不同的问题，他们都以不同的方式偏离了标准。这的确是对托尔斯泰的名言的"偷梁换柱"，但我想你已经明白了其中的道理。本书的核心部分——姿势跑法，将使你重归跑步与生俱来的通用标准。

简言之，以最新的研究成果为依据编写的这本书，就是对下面这个问题详细而可行的回答：世界上是否存在一个通用且正确的跑步方法？我的这本书不是论证我们是否生来就会跑步的论文，克里斯托弗·麦克杜格尔（Christopher McDougall）在他的著作《天生就会跑》（*Born to Run*）里已经为公众提供了答案；本书也不是一本讨论运动生理学、教你如何训练心肺循环系统和保持目标心率区间的书，更不会讨论如何以距离和时间为单位制订训练计划；本书不涉及运动营养、瑜伽、普拉提或力量训练，这方面的书到处都是。

书店的书架上缺少的是教你如何跑步的书，而这才是本书的目的所在。它涉及的是跑步技术、理想的生物力学，以及协助改进跑步姿势的技术练习和身体训练，实际上跑步就是这些，其他的都是次要的。如果你的跑步技术有问题，就根本谈不上跑步速度、跑步距离、跑步效率或跑步经济性。跑步以及我们对跑步的认识正在迅速发生变化，这已经是一个无可争辩的事实。目前，我们已经处在范式转移[①]的另一侧。如果你还认为脚跟着地是正确的，或者每个人都有他独到的跑步方法，那么本书中谈到的知识对你来说应该是闻所未闻的。以简约为趋势的跑鞋设计已经成为跑步姿势发生迅速变化的驱动力，这样的跑鞋现在有数十亿美元的市场份额。目前，主流跑者开始用我在40年前提出的问题发问，当然略有变化：用脚跟着地是不是错误的跑步动作？（是的。）我是不是应该用前脚掌着地？（是的。）我是不是应该用前脚掌跑步？（没必要。）

本书将带你走出迷宫，消除你所有的困惑。

跑步是一项技能

如果你把一件事当作一个技能，首先要相信做这件事有正确和错误的方法，有它的标准和偏差。正确的方法，也就是标准，可以被教授和培养。跑步姿势一直被认为是固有的和因人而异的，除了对专业运动员，几乎没有人详细地教授跑步姿势。你也许想知道为什么自然的跑步方法，也就是我们与生俱来的跑步方法，会变成一个必须通过学习才能掌握的技能。概括地说，有着垫高的鞋跟和运动控制功能的现代跑鞋，纵容了错误的跑步动作，造成了脚跟着地、肌肉萎缩以及有限的地面感知等一系列问题。我们已经习惯了错误的跑步动作，自然的跑步姿势对我们来讲已经不再自然，所以我们要对如何跑步从头学起。

跑步是运动员的运动

现在你就是一名运动员，因此，下面几点就是你应该做到的。

---

① 指行事或思维方式的重大变化。——译者注

- 按计划进行每课的学习。
- 集中精力完成每一个课程的要求。
- 遇到困难或不能立刻见到训练效果时，要有耐心，保持良好的心态。

本书的内容安排类似于一个学期的学习课程。它是一个以 10 节训练课为中心的训练手册，每节课的学习时间为一个星期或更长时间，以你完全理解新概念、拥有了实施新概念所需的身体力量为准。学习如何跑步是一个循序渐进的过程。理解新概念，熟悉新的运动方法，以新的运动模式取代旧的、低效的运动模式是需要时间的。

了解这个新跑步方法的最好方式是将本书看作一本复杂的食谱，你可以先从头到尾浏览一下，对全部内容有个大致了解，然后从头开始按次序学习。课程中的教学内容是累积和渐进的，因此不要太过追求完美，以致影响学习进度。在整个学习过程中，我们会不断复习一些已经学习过的关键技术，以确保你还能遵守前面课程中讲到的那些规则。

你也可以登录姿势跑法官网，在那里，你会发现一些有关姿势跑法教学、跑步社团和姿势跑法认证教练的信息。最重要的是，你要知道，你现在正在使自己跑得更快、更远，也变得更加强壮。学习本书的最大收获是，你将在远离损伤的前提下，终身享受跑步的乐趣！

THE
RUNNING
REVOLUTION
HOW TO RUN
FASTER,FARTHER,AND INJURY-FREE—
FOR LIFE

目　录

PART 2 姿势跑法的10堂课

PART 3 姿势跑法循环训练

PART 4 突破极限

THE RUNNING REVOLUTION

HOW TO RUN FASTER, FARTHER, AND INJURY-FREE—FOR LIFE

PART 1

准　备

THE
RUNNING
REVOLUTION

01

我与跑步

·从苏联到美国·

我人生的转折点开始于 1977 年 10 月一个阴雨的上午。当时我正从我任职的师范大学（Pedagogical University）的运动训练中心回家。这所大学位于距离莫斯科 600 公里的切博克萨雷市（City of Cheboksary），它是苏联庞大体育机器的重要组成部分。它培养的运动员很多都获得过奥运会奖牌、创造过世界纪录，为苏联强大的体育事业做出了巨大贡献。

我那时的心情和那天的天气一样，黯淡而消沉。我当时是师范大学的田径教师，对于美国人来说，这个头衔听上去可能有点古怪。在苏联，公立教育机构的名称体现的是它们的功能，不像美国的“哈佛大学”或“得克萨斯大学”这样的大学名字，一看就知道它的从属关系或地理位置。这所师范大学的特长是培养教练员、体育科研人员和运动员。除此之外，它和哥伦比亚大学的师范学院非常像。

那时我刚刚从大学毕业，已成为一名田径教练，正在攻读博士学位。作为一个年轻的科学家和教练，我的前途似乎是光明一片。但是，那天上午田径课结束后，我的心情却非常低落。尽管我在工作中尽了全力，但我还是觉得力不从心。

虽然我完成了大学本科的所有学业，掌握了许多运动方面的最新知识，还从事了两年的教学工作并获得了硕士学位，但我忽然发现自己处在一个进退两难的境地。一方面，我已经积累了很多跑步方面的知识，从运动员变成了教练员和运动科研人员；另一方面，我却发现自己掌握的这些知识及经验并不能助我完成一件很简单的事情：教学生如何跑步。

问题不是我上学时的成绩不好。正相反，我毕业时的成绩在班里名列前茅。那时我几乎接触到了那个时代不管是科研还是教学实践方面能够接触到的所有有关跑步的知识。但是我最需要的是一个科学地教授跑步技术的方法，这在当时的理论和实践方面竟然都是空白。那时能找到的，只是一些在跑步技术和教学方法方面相互矛盾的观点。

当时一个流行的理论认为，跑步是人类的第二天性，没必要去学，因为一个人的跑步姿态是出生时的身体条件决定的，后天不能改变。另一个比较流行的观点认为，短跑、中跑和马拉松分别对应的跑步技术是不同的，在教学方法上也应区别对待。尽管如此，大部分一流教练至少在一点上取得了共识：跑步是个简单的运动，最好的运动员是那些既刻苦训练又有极高天赋的人。

根据上述理论，他们认为，和跳高、跨栏、投掷或任何类似的运动相比，几乎没有必要在跑步技术上花太多时间。只有在芭蕾舞、跆拳道或摔跤这样的项目中，技术才至关重要。

在那段时间里，我甚至觉得不管是从生物力学，还是从心理学的角度，我对跑步都一无所知。最终，我甚至不知道如何教学生跑步，而这些学生毕业后会成为运动队教练或体育教师，我也无法指导我的队员训练。我感觉力不从心，也觉得自己在面对一个又一个挑战。

而就在我回家的路上，我忽然明确了我此生应该做的一件事：揭开跑步的生物力学秘密，找出教授和训练跑步的最佳方法。

我就像一个理科学生一样开始了工作。我花了大量时间观看世界上最好的跑步选手们的跑步动作。为更好地分析，我仔细观察他们跑步时的每一帧图片。我首先注意到的不是他们之间的差异，而是他们在技术动作方面惊人的相似。他们在跑步风格上的确有所不同，但最好的选手在跑步时基本上都在做同样的事情，这个想法瞬间形成。他们所有的动作都有一个关键的定性位置。

通过研究，我确认了跑步的 3 个基本要素，也是所有跑者在跑步的动态过程中必须经历的 3 个基本姿势。我将这 3 个基本姿势分别命名为关键跑姿（the running pose）、落下（falling）和上拉（pulling）。令我惊讶的是，我发现几乎所有跑者在跑步时都会循环做这 3 个基本姿势。技术不佳的跑者的动作虽然不太容易分辨，但他们的确是和跑步高手做着同样的动作，只是效率差了很多而已。

虽然当时我还没搞懂这 3 个基本姿势在跑步中的具体功能，但是我知道它们存在于你能想到的任何形式的跑步活动中，从清晨慢跑到短程冲刺，再到马拉松。顶级选手的跑步动作效率极高，他们在完成这 3 个基本姿势时，动作看上去漂亮、优雅、轻盈。技术差的人做起来，就只能用“不堪入目”来形容了。他们的动作比较笨重，伴随着沉重的脚步声，过分用力的肌肉做着大量的无用功。我意识到，完美的跑步需要在完成这 3 个基本姿势的过渡循环时，对身体动作有干净而准确的控制。

为了进一步解开跑步的秘密，我又将目光投向了古希腊。我一直对柏拉图的理想型理论非常感兴趣，它让我深信，跑步中也会有一个理想形态的存在。

比牛顿定律的发现几乎早了两千年的亚里士多德在科学和物理方面的早期尝试也给了我很大启发。亚里士多德说，使物体移动的力和使物体保持静止的力是相等的。将此说法套在跑步上就意味着，你不可能在没有支撑的情况下向前运动。这应该就是牛顿所有重大发现的鼻祖。

当然，古希腊的艺术也不应被忽视。看着古希腊花瓶时，我深信画中的跑者图案表达的并不只是艺术家的想象，这些图案还准确地告诉了我们古希腊人是如何跑步的。在这些图案中，不但可以分辨出从全力跑到慢步跑的不同跑步速度，还可以看出运动员进行短跑和长跑时跑步姿势的相似。古希腊花瓶上的这些跑步动作让我更加确认，当时的希腊人已经知道了理想的跑步技术的要点。我还发现，图案中的每一个跑者在以前脚落地时，体重都落在了前脚掌上。

我的目光从古希腊收回，思绪却沿着历史的长河来到了文艺复兴时期的达·芬奇身边。就像他做的所有事情一样，在对人类身体动作的理解方面，他也走到了同时代人的前列。为了使他的学生能够准确地将身体动作画到画布上，达·芬奇做了很多研究。通过这些研究，他得出一个结论：人的身体总是向他移动的方向倾斜；一个人移动得越快，向移动方向倾斜的角度也越大，也就把更多的体重集中在他身体平衡轴的前部。

达·芬奇是个天才的发明家，在西方文明中有着非常重要的地位。你也许会想，如果我们见面，一定会谈到他的上述研究，因为他观察到的正是我所坚信的跑步中的关键环节，即落下阶段！跑步其实就是有控制的身体落下。

离开了文艺复兴时期，我又找到了身在启蒙时代的牛顿。正是牛顿的万有引力定律和运动定律，最终向人们展示了那个主宰世上所有运动，包括人体运动的神秘力量。牛顿定律让我把工作的重心放到重力效应上，因为重力是跑步的基本动力。很多年后，我的同事格雷厄姆·弗莱彻博士向我推荐了苏格兰著名神经生理学家托马斯·格雷厄姆·布朗（Thomas Graham Brown）的一些研究成果。在将牛顿的理念运用于研究人体运动后，布朗得出的结论是：当一个人沿着水平方向奔跑时，由重力作用产生的动力使身体的重心向前、向下移动。而驱使跑者向前移动的，就是这个受重力作用而产生的动力。

不过我要声明：姿势跑法的关键跑姿、落下和上拉动作并不是一个观念，而是对理想跑步姿势的概念性描述，这也是被学术界认可的。通过这个发现，我可以描述人体的自然跑步机制。这 3 个要素和人体在跑步时的重力效应是我的研究对象。

我并没有发明一个新的跑步方法。姿势跑法只是再现了自然的跑步姿态。我所命名和传授的是一个自然的，而不是被不合适的跑鞋和低能教练误导的跑步方法。如果你听到有人在指导别人跑步时说“不要步幅过大”、“减小步幅”或者“向前倾身”，说话者很有可能是受到了我的姿势跑法理念的影响。

我也不能断言，任何一个世界级选手的跑步动作都和自然跑步动作完全一致。最好的跑步动作应该和这个标准非常接近。就像柏拉图所说的理想形态，这才是理想的跑步动作。一些成绩出众的运动员由于极具天赋，虽然动作有问题，但同样能赢得比赛。通过正确的技术指导、辅助练习和有针对性的力量训练，可以让他们的动作更接近规范，从而跑得更快。

最后一点，对姿势跑法的完全掌握并不会让学员们的跑步动作彼此变得一模一样。即便是对这个跑步技术掌握得最好的人，也会保留一些他们独特的跑步风格，使他们的动作更加符合各自不同的生理和心理特点。就像汽车一样，虽然它们有着相似的基本构造，但样式和用途却各有不同。比如法拉利这样的车是为高速设计的，而另一些车则更适合载重和爬坡。同样的道理，姿势跑法也根本不可能把黑尔·格布雷希拉希耶变成尤塞恩·博尔特。

下面就请和我一起回到我的年轻时代，那大概是 1977 年前后。那时我马上就要成为苏联一所重点体育科技大学的教练，这在当时可是一件值得羡慕的事。20 世纪 70 年代是苏联体育科技发展的黄金时期，我也希望能真正干出一番事业来。虽然我已经提出姿势跑法这个重大理念，但是在教学时还是要面对一个基本问题：教授跑步的最好方法是什么？

为得到一些启示，我观察了许多其他人体技能的训练方法，这里面不但有武术、摔跤等体育项目，还有芭蕾舞。我有个朋友是芭蕾舞演员，所以我有机会观看到他们在台下的练习。仔细观看过一些优秀芭蕾舞演员的动作之后，一个问题开始萦绕在我的脑海：为什么一些动作会在芭蕾舞、跆拳道和摔跤中被做得如此完美？这种完美是通过大量简单动作的重复而达到的吗？当有一天忽然顿悟到问题的答案时，我才明白，问题的关键竟然如此简单。

我发现他们的动作训练是通过反复练习一系列准确的固定姿势或称固定动作来完成的。将这些固定姿势和与之相关的动作连贯起来，就形成了完美的技术动作。至此，就像完成了碎片拼图一样，我为之前的所有问题都找到了答案。

之后我面临的另一个主要问题是：适用于跑步运动的固定姿势和练习是什么？这个问题的答案就是我曾经确认和命名的那 3 个跑步要素：身体呈关键跑姿、身体前倾落下、上拉支撑腿。

虽然通过对这 3 个跑步要素的深刻理解，我得出了有科学依据的结论，但它并不被跑步界所接受，因为他们对所有非传统的东西都持抵触态度。当时大多数教练、运动科研人员和跑步运动员都追随英国著名教练杰弗里 · 戴森（Geoffrey Dyson）创立的跑步模式，这是他在 20 世纪 60 年代创作的一本叫作《运动力学》（*Mechanics of Athletics*）的书中首先提到的。戴森把一个完整的跑步循环划分为支撑（support）、驱动（drive）和恢复（recovery）3 个阶段。很显然，那时姿势跑法并没有被所有人接受。

雅娜·西米列娃
Yana Hmeleva
婚礼策划人

跑龄：4年

最初我练习姿势跑法的原因是，我身体有很多损伤，膝关节半月板、十字韧带和静脉出了一些问题。用脚跟落地跑了 3 年后，我所有的伤痛变得越来越严重，身体一动就疼，以致 6 个月不能参加任何比赛。对我来讲，掌握一个全新的跑步技术的心理过程是很复杂的，但同时我也发现，腿部的疼痛开始逐渐减轻，直到 2 个月后疼痛完全消失。在 2013 年的莫斯科马拉松上，我跑出了 3 小时 12 分的个人最好成绩，而我 1 年前的成绩是 3 小时 15 分。2 个月后我又跑了雅典马拉松。比赛路段有很多坡道，难度很大，因此我并未期待会跑出什么好成绩。出乎意料的是，我竟然跑出了 3 小时 08 分的新个人纪录，总排名第十。更让我吃惊的是，第二天我竟然没感到任何肌肉疼痛。

我对前脚掌落地这个跑步理念的倡导，以及对现代跑鞋的质疑被认为太过极端，和主流大相径庭。但随着时间的推移，所有这些质疑都在慢慢消失。

如果回到今天我们会发现，过去 35 年中姿势跑法所倡导的自然跑步理念已经被越来越多的人所接受，并成为一种趋势。随着不同媒体方式的发展（包括书籍、杂志、报纸）等，各种跑步新理念、新方法的传播变得越来越容易，也使人们对跑步的认识，甚至对跑鞋的选择都在发生变化，下面就是几个实例。

- 畅销书《天生就会跑》中那个墨西哥塔拉乌马拉印第安人（TarahumaraIndians）穿着独特的凉鞋[①]奔跑几十公里猎鹿的故事。
- 哈佛大学的人类学教授、进化生物学家丹·利伯曼博士（Dr.Dan Leibeman）的研究结果证明了人类的足弓是如何通过进化变得既可以承重，又富有弹性，使我们能够穿极简跑鞋，甚至赤足跑。
- 与自幼习惯穿鞋的运动员相比，那些成绩优秀的肯尼亚运动员有着更坚固的踝关节和更强健的足部肌肉，也有着效率更高的跑姿。这些都和他们很小就赤足跑有关。
- 专家和一流教练都声称，穿缓冲跑鞋跑步会让我们的脚部动作懒散，跑步的力学机制松懈，从而也更容易受伤。
- 著名田径教练范·兰安拿（Vin Lananna）就是用赤足跑的方法指导训练，而他的队员也多次在斯坦福大学和俄勒冈大学举行的赛事中夺得冠军。
- 那些被伤痛困扰的跑步老手换穿极简跑鞋，并改由前脚掌落地后，他们的伤痛竟自然痊愈了。

---

① 一种类似于古罗马凉鞋，对脚部保护很少的平底鞋。——译者注

正是以上的这些事实和传说，不但使人们对跑步的认识发生了变化，也启发着人们去改变跑步的方法，进而对相关的市场产生了影响。曾经大肆倡导脚跟着地跑步，生产楔形鞋跟跑鞋的厂商，现在也开始生产极简跑鞋。这种鞋从设计到功能，几乎与他们在过去 40 年里生产、销售的跑鞋完全相反。根据《纽约时报》的报道，目前在美国，赤足跑类型的跑鞋（极简鞋的一种）有 17 亿美元的市场。随着支持新跑步方式的证据的不断增加，耐克、阿迪达斯、New Balance 以及后起之秀 Vibram，已经在新的市场抢到了一席之地，成功地完成了产品的过渡。

珍妮弗 · 费希尔
Jennifer Fisher

我最先接触到罗曼诺夫博士的姿势跑法时，是我重新开始跑步的时候，那时我已经 10 年没跑了，但我之前可是个训练非常认真的人。那时我一直被各种跑步伤病困扰着，疼痛会从脚一直蔓延到臀部，为此我不得不经常中断跑步。我的“复出”也遭遇了和 10 年前同样的困扰。通过练习罗曼诺夫博士的姿势跑法，我的动作有了很大改善。在练到第六个月时，我就可以放松、自然地按照新的跑步方法跑步，着地部位变成了前脚掌，而不是脚后跟。后腿离开地面时主动收腿，而不是像以前那样用力蹬离地面。在过去的 5 年中我不但从未受伤，而且坚持训练一直让我的成绩处在全得克萨斯州成人组前几名。

对我来讲，上述所有故事只是让事情又回到了出发点。极简跑鞋也好，赤足跑跑者也好，以至于最新的人类学发现也好，它们似乎都是在做着一件事，那就是：让我能够更容易地把这个我已经传授了几十年的姿势跑法教授给所有跑者。

我在美国的第一个成功案例发生在 1997 年。我的训练对象是曾经 5 次赢得欧洲铁人三项冠军的尤尔根 · 扎克（Jürgen Zack）。对于当时的情况，尤尔根是这样说的："那时，罗曼诺夫博士正在帮我改进跑步姿势，经过第一次训练，我就可以保持膝关节微曲的状态跑步。这样跑看上去步幅似乎是变短了，但实际上并没有。它使我的步频加快了，也使脚接触地面的时间变短了。他的新跑法减少了股四头肌和背部的压力。"就在那个赛季，尤尔根把他铁人三项最后的 42.195 公里跑步赛段的时间从 3 小时 03 分缩短到 2 小时 45 分。

当然，重回自然不会像想象的那么简单。把我们的脚束缚在鞋子里行走于平整路面的现代文明，已经使我们的脚丧失了一些本应具备的力量和功能。所以，对脚以及跑步方式的改变是需要时间的。在将来的几个星期里，为了彻底改变你的跑步姿势，加强你的运动知觉能力、跑步力量以及平衡能力，你必须掌握一些基本练习。

在学习期间，如果你真的憋不住要跑一跑，我建议你不要跑得太长。如果你习惯每天穿着运动控制型跑鞋跑 8 公里，那么你可能对学习期间每天穿极简跑鞋跑 100 米都会感到不适应。没关系，慢慢来。假设某天课上练习的运动量等同于 800 米的跑量，那课后你只能穿着你平时穿的跑鞋跑 7.2 公里来达到平衡，除此之外，不能再多。

我们要学习的新技能之一是体重感知。这个技能不但可以在跑步中练习，也可以在行走时、排队站立时，甚至坐着的时候练习。学习和掌握这个技能是围绕着这样一个问题进行的：我的体重落在了脚的什么部位上？如果之前你从来就没跑过，学这个也许会更快些。按照课程顺序依次练习，到你学完这本书的时候，你一定会跑得非常好！

克里斯蒂娜 · 陈
Christine Chen

伤痛严重影响了我的巴黎马拉松成绩，这让我非常沮丧。为此我参加了罗曼诺夫博士的一个跑步培训班。相比周末进修，掌握一个合理的跑步技术要花费更多的时间、倾注更大的精力。但不管怎样，我还是坚持下来了。在遇到罗曼诺夫博士之前，经过几个月的准备，我的马拉松成绩可以达到 4 小时 04 分。但仅仅在罗曼诺夫博士的指导下训练 7 个星期之后，我的成绩竟然达到了 3 小时 29 分。对我来讲，学习罗曼诺夫博士的姿势跑法的最大收获是，我确信我可以终身享受跑步的乐趣了，而不会像其他一些跑者那样，随着年龄的增大，不得不因伤痛而放弃跑步。

THE RUNNING REVOLUTION

02

知觉能力

·培养跑步的敏锐度·

接下来的几个章节将为你掌握全新的跑步技术打下基础，学习加强知觉能力、如何写运动日志、如何选择跑鞋，以及如何录下自己的跑步动作的视频。除此之外，你还要掌握一些常规的热身动作和力量练习。最初的这些练习虽然强度很小，却是掌握姿势跑法动作模式的基础（这些动作模式将在本书第二部分中讲到）。书中每一章都是一个训练科目，可以在任何时候作为一个单独的训练项目反复练习，直到你完全掌握。如果你打算在学习最初这几章时继续你的日常跑步，一定要把跑步放在训练课之后。

新跑步姿势中最重要，也最难以捉摸的要素就是知觉。简单地讲，知觉就是一个人的适应和学习能力。它属于人体信息的输入－输出系统，是将感觉器官感觉到的信息传输给大脑，然后通过大脑分析形成动作指令的过程。对于跑步，良好的知觉能力可以使你在完成技术动作时洞察到细微的动作差别。因此，要通过练习降低你的绝对知觉阈限，也就是降低你能够知觉的最低刺激量，这对你改进跑姿至关重要。

有不少跑者声称他们是前脚掌着地，但在观看他们的跑步视频后却发现，实际上他们是在用后脚跟着地。这是因为他们的知觉能力还不能让他们区分前脚掌着地和后脚跟着地的刺激之间的差别，进而做出相应的动作调整。一个跑者应该始终具有分辨这种差别的能力，从而使自己的动作不断得到改进。

要了解知觉系统，首先你要知道如何区分感官资讯（sense data）、意识（awareness）和感觉（feeling），这是知觉的 3 个不同层面。同时，也要了解它们之间的关系以及如何协调它们之间的关系并使其发挥作用。

弹性站姿：感知身体的最好方法

将身体处在弹性站姿（springiness position）是感知身体细微变化的最好方法，这也是所有体育运动中最基本的姿势。弹性站姿并不是简单的站立姿势，它可以使你无论是在心理上还是生理上，都处在预备状态。

① 脱掉鞋。

② 将体重集中在你的跖骨球上。

③ 屈膝，使膝关节位于脚趾的正上方。

④ 稍微向前倾斜身体，使肩关节在髋关节的上方，而髋关节又正好处在跖骨球的上方。这时，身体的跖骨球、髋关节、肩关节、耳朵都处在一条垂直于地面的直线上。

⑤ 曲臂，前臂处在腰部和肩部之间。

⑥ 调动从臀部到肩部的核心肌群，收腹，让肚脐贴近脊柱，同时让肩

胛骨互相靠拢。这就是关键跑姿的核心，在今后的学习中，你会对它有更深入的了解。

⑦ 保持头部正直，眼睛向前看。

⑧ 心理上给自己一个准备行动的暗示，就像在比赛中等待枪响一样。

弹性站姿是最基本的预备姿势，它使你看上去已经做好了运动的准备。和你的日常的站立姿势相比，你是否觉得处在弹性站姿会让你变得更加机敏，精神更集中，也让你更容易进入运动状态？如果是这样，那太好了！你已经做好了探索你知觉能力的准备。

知觉的 3 个层面

感官资讯：感知环境，倾听你的身体

感官资讯是知觉的一个层面。它包含了视觉、听觉、触觉以及味觉在内的人体感受器能够感知到的所有感觉信息。让我们做个体验练习：在保持弹性站姿的同时闭上眼睛，留意你嘴里的味道、衣服和皮肤间的摩擦以及是否有空气在周围流动。将身体的重量集中到你的跖骨球上，感受作用于脚底的压力。然后睁开双眼，仔细观察在你眼前的一切。最后再使用一下你的嗅觉，闻到什么味道了吗？

此时是你的“第六感”，或者说“本体感受”，正在发挥作用。当其他感觉感知外界环境时，你的本体感受也在收集身体内部的信息。比如

位于内耳的感觉神经元可以感知身体方位和平衡，分布在肌肉、韧带和肌腱内的感受器可以感知运动器官的运动和位置变化。这些有关身体运动、平衡和位置的反馈信息被源源不断地传递给大脑。

你可以通过下面的练习体验一下本体感受是如何工作的：继续保持弹性站姿，在不移动脚步的前提下尽量向前倾斜身体。如果你前倾过度而失去平衡，马上还原弹性站姿。重复上述动作，直到你可以本能地感受到身体失衡的临界点。优秀的运动员利用本体感受，就像厨师烹饪时利用其味觉和嗅觉一样得心应手。对本体感受的知觉能力越强，就越可以在跑步过程中感受到身体各部位的运动状态。

意识：接纳身体传输的信息

简单地讲，意识就是清晰地接受身体感受器传递信息的能力。就像刚刚讲到的感官资讯，意识是知觉的另一个层面。让我们再做个试验：闭上你的双眼，静听四周的声响，然后试着分辨一下声源的方位。以上就是通过接受、分析身体的感官资讯，有意识地分析、判断周围环境的过程。

值得注意的是，并不是所有的感官资讯都能被有意识地感知到，比如当身体感受器在短时间内传递大量信息的时候。设想你正在足球比赛中传球，你一定不会这样想：我要先把右脚收回 15 厘米，然后在距地面 1.3 厘米的高度摆腿击球，击球后再随球移动 24 厘米后收腿。在这样的过程中，信息的处理、执行不是在有意识下进行的。换句话说，尽管有些感官资讯非常重要，但大部分人并不能有意识地全部获取它们。就像任何有意识的技能一样，通过知觉意识的训练，可以使你获得更多信息。

在今后学习的过程中，要将你的意识集中到跑步的关键要素上。

感觉：区分有益和有害的疼痛

人的感觉总是和愉悦或痛苦联系在一起，它也是训练中很重要的信息反馈。敏锐的感觉可以帮助你区分有益的疼痛和有害的疼痛。有益的疼痛说明你的训练方法正确，而且达到了预期的训练效果，比如心血管系统或肌肉的疲劳；而有害的疼痛则意味着伤害，这时你就要停止训练，接受治疗。

还原弹性站姿，同时关注你的感觉。你是否在身体什么地方感到疼痛？比起一般的站立姿势，这种准备姿势是不是在某些方面觉得有些别扭？这时，你能否感受到由于核心肌群的紧张而产生的轻微不适和疼痛之间的区别？

训练自己的知觉能力

综上所述，知觉赋予了感官资讯、意识以及感觉新的含义。在知觉过程中，感觉器官感受到的有意识、无意识的原始感官资讯被传递给大脑，由大脑进行集中、分析、关联以及评估。就像人体的肌肉一样，知觉能力也需要通过不断的训练来加强。

优秀的运动员驾驭起自己的知觉能力来也是得心应手的。他们在运动时不但敏锐地知道自己肢体所处的位置，也知道在出现偏差时如何纠正。世界级运动员有着敏锐的知觉能力，他们可以精确地察觉在一个跑步周期中身体各部位的运动过程，可以根据跑步动作不同阶段的不同要求调整肌肉的用力方式。他们的身体对他们来讲，就是一件能够熟练使用的工具。

达到上述状态的过程没有捷径。你可以看书学习，也可以请教练帮你分解技术动作，但最终还是需要你自己体会不同动作之间的细微差别并做出相应调整。这意味着你必须对跑步过程有详尽的理解，而不是只知其一不知其二。

在运动和健身活动中，技能的掌握过程就是改善动作的生物力学特性的过程。掌握新技能也就是学习用一种全新的方法使用你的身体。你的学习速度完全取决于你的知觉能力，也就是感知不同动作的细微差别的能力。所以，加强你对跑步的运动知觉能力将是每个课程的一部分。

同时，如果你还打算坚持你的日常跑步，我劝你做一件非常重要的事：把你的 iPod 留在家里再出去，在跑步时要倾听脚与地面接触的声音而不是音乐。有些人也许会认为，跑步的距离和时间是对身体的主要挑战，但实际上，跑者远在达到生理上的疲劳状态之前，心理上和精神上已经疲惫不堪了。人的身体可以承受长距离的奔跑，但心理上却很难长时间集中精力控制身体、维持正确的技术动作。我们中的很多人利用跑步暂时回避繁杂的日常生活、思考问题，或者试图通过跑步摆脱所有烦恼。也就是说，当我们跑步时，我们的大脑却在处理与跑步无关的事情。这么做也许对心理健康有益处，但对跑步没什么帮助。如果你的目标是跑得更好，最好利用其他时间考虑生活问题，而在跑步时应全身心地投入其中。

THE
RUNNING
REVOLUTION

03

跑步日志

·从跑步距离转移到跑步质量·

如果你一直没有写跑步日志的习惯，那么就从现在开始，把你每一次的跑步情况记录下来。如果你之前也写跑步日志，但只记录跑步距离，那么就从现在开始，将你的关注点从跑步距离转移到跑步质量，从技术层面评估你的跑步训练。当然，每个人的跑步日志都有自己的风格，有的像记日记，有的像流水账，有的又有固定格式，这些全凭个人喜好。但不管用什么方式，写跑步日志的目的是让你留出一定的时间将全部注意力集中到与跑步有关的事情上。

在训练机体的同时训练你的大脑

就像前面讨论知觉能力时讲到的，我们应该像训练肌肉一样训练我们的大脑。虽然完全忽视大脑而只对机体进行训练，也可以达到一个比较满意的结果，但要想最大限度地提高你的成绩，就必须在训练机体的同时训练你的大脑。根据大脑在跑步运动中参与的不同程度，可以将跑步分成以下 3 个层面。

- 心智层面：可以集中精力感知机体的运动姿态。
- 心理层面：将长期以来形成的行为习惯和人生态度带到跑步中。
- 精神层面：通过长期训练，培养了心智－身体－自然天性之间的高度默契。

当 3 个层面同时发挥作用的时候，你的成绩将比以往任何时候都好。现在你是不是觉得这只是说起来容易做起来难？的确如此！

对集中精力、心智训练和意识控制方面提出的要求，并不只是练习跑步要面临的挑战，它们也是任何人类活动都要面对的问题。在大脑深处，人们的显意识和潜意识经常处在一个共同作用而又互相制衡的系统中。这是因为人类终究还是动物，深植于动物身体机制中的首要职能就是生存。所以，人类身体的固有机制是规避风险、避免伤害。

举个例子，当我们竭尽全力进行一项艰苦的长距离训练时，我们的生理、心理、精神上的疲劳给身体发出的是感知到了危险的信息。当收到这样的信息时，机体本能地将其视为生命已经受到威胁的警告，而这种威胁应该立即被终止。

但在实际生活中，首先你能够觉察的并不是危险，而是一种生理刺激。当你的显意识还在对你的身体发出全力奔跑的指令时，以保存生命为首要职能的潜意识却开始做与你的意愿相反的事情，它让你感到肌肉僵硬和疼痛、心跳加快、呼吸困难，好像死亡正在来临。此刻它给身体发出的明确信息是：你应该立刻停下来。

尽管如此，这种被潜意识夸张了的身体状况并不危及性命，只是你的机体在正常发挥功能罢了。不过这个潜意识发出的信息的确在你的显意识中留下了烙印。随着不断的重复，它会变成一种意识中的界限，而我们的显意识又非常容易受到这个界限的制约，这就是为什么我们每次跑到 6.4 公里或任何这个界限所在的距离时，都产生了同样的感觉，而你的成绩也年复一年地停留在一个水平上。一般来讲，成绩停滞的原因很少是由生理方面造成的，而是整个心理方面的缺失。然后你就会给自己找个借口：

- 我就是跑不快。
- 我不是一个好的耐力型选手。
- 这个跑步平台期的出现是有原因的，它反映了我的真实能力。

从单细胞生物开始，各个进化水平的生命机体中都包含着显意识和潜意识的相互作用，而每一种显意识或潜意识又有它们各自不同的目标和要求。要在同一个有机体上同时满足显意识和潜意识的各自要求，它们之间的作用有时是互相制约的。为了提高跑步技术，显意识和潜意识之间一定要默契配合，而为了实现这种默契，你的显意识一定要领悟潜意识的工作状态。跑步日志就是你了解自己、保持平和的心态，从而使身体达到最佳状态的重要手段。

你的个人档案

如果你已经有了一本跑步日志，那么就请把它翻到下一张空白页；若你的日志本还是崭新的，就把它翻到第一页；倘若你习惯使用计算机，那就打开一个空白文档：在今天的日期下面，用大号字写下“我的跑步生活”或者任何看上去适合当作你的跑步档案标题的字眼。记录这部分内容的目的是让你清晰地思考你的跑步历史和你的跑步个性类型。完成这部分记录应该就像对自己进行一次耐心而细致的采访一样，记录下你与运动有关的所有事情：你在体育运动方面最好和最坏的经历，个人最好的成绩、最长的距离，所受的运动损伤以及损伤对你造成的影响；或者那双已经停产 5 年而你又非常喜欢的运动鞋的型号，你目前穿的是什么鞋，等等。如果之前你从不跑步，那也如实记录。如果你还清晰地记得你上中学时，在一次下午 4:30 进行的短跑比赛中伤到了膝盖，而此后就再没有跑过步，那么现在就请把这件事也写在你的跑步日志中。如果你可以毫无压力地写下与跑步相关的心理活动，无论是恐惧还是期待，那么花些时间仔细记下你直到今日的跑步心路历程。如果有关情感的描述会让你感到不适，不要强迫自己，毕竟这部分记录的目的是让你能够轻松地对你的潜意识思维做出总结，从而引导你的潜意识发挥积极作用。

THE RUNNING REVOLUTION　HOW TO RUN FASTER,FARTHER,AND INJURY-FREE—FOR LIFE

我的个人运动档案：寇特 · 布伦加

尽管罗曼诺夫博士给了我很多一对一的指导，但练习中的很多难题还是要自己应对。如果给我自己下定义，我应该是个终身跑者。我从小学六年级就开始跑步，在中学练田径，到了高中又跑了一年越野，这些都只是为了练摔跤保持体形。几乎所有的摔跤运动员都是终身跑者。

我在过去几年中跑过几次 10 公里比赛，但没有为比赛进行过任何训练，仅仅在最近的几个星期我才把距离加上去。我一直很喜欢跑步，从来没有在骑自行车或游泳中体会到相同的乐趣。我喜欢身体和地面接触的感觉。当我跑步时，更确切地说是在慢跑时，所有的一切就好像被提升了一个等级。

我一直只有一双跑鞋，而且只买减价的。像一个听话的小男孩儿，我一直按照别人教给我的方法跑步：脚跟着地，然后从脚跟过渡到脚趾。有关跑步的知识我只知道这么多。现在，跑步已经变成我称为有氧运动的主要内容。

我一直独自跑步，因为跑步对我来说不是社交活动或是寻找共同爱好的朋友，它更像是一种逃避。在过去的 25 年中，我平常的跑步锻炼就是 30 分钟的慢跑。有时在跑步结束时，我会来个冲刺，这不但可以刺激身体的能量系统，还会给我带来很大的乐趣。跑步的感觉也非常好，它可以清理我的呼吸道，就像在高速公路上打开车窗，把车里的脏东西吹得一干二净。

我从未在跑步中受过伤，我想这并不是因为我的跑步技术好；也许是由于我经常举重、跳绳，并且从没跑过太长的距离。让我对姿势跑法感兴趣的原因很简单，就是因为我喜欢跑步，希望自己能尽可能地跑得更好。

如果想知道我为什么要学习自然跑步法，那就告诉你最主要的原因：我认为后脚跟着地不好，前脚掌着地好。我的目标就是从后脚跟着地过渡到前脚掌着地。自从看了那本叫作《天生就会跑》的书之后，我就一直琢磨着前脚掌着地这件事，但一直没有实际去改变。当想找一本能够有所帮助的书时，我发现没有一本书能够详细说明应该如何跑步，那些书都是告诉你应该如何训练，而不是怎样跑步。后来我就遇到了罗曼诺夫博士，下一步我就要开始尝试，而且要慢慢来，要有耐心。

具化你的目标

假如你一直可以用 75 秒的速度完成 400 米的重复跑，你会发现，根本不可能仅凭意愿就把这个时间立刻缩短到 60 秒。此刻你的潜意识会使你紧张、沮丧，进而把你对新目标的渴望驱散得干干净净。然而，如果你真的相信自己可以做到，那么你可以通过训练，在 12 ～ 16 个星期内，每个星期都把时间缩短一点，直到最终把时间缩短到 60 秒。

有了跑步日志，你就可以在上面写下你的长期目标，并为实现这个目标制订相应的计划。跑步日志除了可以帮助你达到预期目的，还可以帮助你：

- 掌握训练进度。
- 合理安排训练时间。
- 跟踪训练进度。
- 当结果与预期有差距时，做出适当调整。

在本书的学习过程中，你要给自己制定一系列长期和短期的目标，这些目标不但要可行、可量化，还要有具体的完成时间。计划中的一些内容可能随时需要修正，这是不可避免的。对计划内容和期望值的调整可以使你的知觉能力得到进一步强化，这对一个跑者来说至关重要。

在今天的跑步日志中，在“目标”下面直接写下是什么原因让你拿起这本书开始学习姿势跑法的。你希望在 10 个星期后要达到什么样的目标？10 个月或 10 年以后呢？不管你的目标是从此在跑步中不再受伤，或是具体到马拉松跑进 3 小时，现在都把它们一条一条地写下来。

THE RUNNING REVOLUTION HOW TO RUN FASTER,FARTHER AND INJURY-FREE—FOR LIFE

目标

我的目标是了解这些新的跑步要领。跑步时脚跟着地和步幅过大不但容易对身体造成伤害，也会降低跑步效率，这是跑者公认的。我的目标是改掉这些坏习惯，掌握准确、完美的技术动作。我不记录跑步距离，只关心如何改进技术动作。我希望能够轻松自如地跑步，就像流水一样自然顺畅。

学到第二部分时，你就能看到我为你准备的详尽的训练计划。它不但可以使你掌握姿势跑法，对你今后的跑步也大有帮助。你刚刚写下的长期目标可以帮助你制订实现阶段性目标的训练计划。

让注意力做好准备

跑步日志可以让你将注意力集中到将要进行的训练上面。你可以把你期待的训练效果写在这部分。首先，从前面的“知觉能力训练”部分中，选择一个你认为应该进一步加强的知觉练习，比如身体失衡的临界点练习，把这个练习的名称写在今天日志的开始部分。在“注意力的准备”部分中，写下你打算用哪些手段提高你的身体感受器的知觉能力，你希望身体在失衡临界状态时会有什么样的感觉。

注意力的准备

我的目标就是越简单越好。一直都没搞清楚自己到底是用后脚跟着地还是前脚掌着地，这让我觉得自己很笨。今天我就从弹性站姿开始，把身体重心从后脚跟到前脚掌之间来回移动，仔细感觉一下到底有什么不同。首先，我以较大幅度反复前后移动重心，而且每两次的移动有 2 秒的间隔，这样就可以很容易地感觉到重心的变化。然后，我将重心的移动速度加快、减小幅度，以此来体会重心的细微变化。

训练小结

通过训练小结，可以把每次的学习或跑步分解为大致如下几个部分：你做的哪些是对的、哪些是错的，从中领悟到了什么，什么地方还需要改进。当然，也要记下跑步日志应该有的基本内容，比如跑步距离、时间、路程，今天的饮食以及你身体的感觉。

就今天练习的目的，我希望你写下今天复习的知觉能力练习的感觉，看看和上次练习的感觉有什么不同，在练习时是否可以做到精力集中，身体有没有感到疼痛或任何不适。然后，把所有这些写到“训练感想”部分。

THE RUNNING REVOLUTION　HOW TO RUN FASTER, FARTHER AND INJURY-FREE—FOR LIFE

训练感想

这个练习其实很简单。我在练习的开始可以集中注意力体会后脚跟和前脚掌之间的重心变化，可过了一段时间就慢慢停了下来。说实话，我觉得这个练习有点儿枯燥。我要记住曾经对自己说的：一定要有耐心，哪怕付出很大努力只得到一点收获，也是值得的。所以，我要精力集中地继续训练，我希望在跑步时也能做到精力集中。

把你的跑步训练感想随时写下来非常重要，它的意义远大于记录你所取得的进步。跑步日志可以让你时刻保持清晰的头脑，并将注意力集中在目前的训练上，这是最大限度发挥身体潜力的必要手段。

现在你是不是想，要取得好成绩，意识方面不需要做任何努力，只管全力跑步就可以了？我可以告诉你，这样做不行，而且一般来讲，类似的尝试都会导致不尽如人意的结果。设想一下，在马拉松比赛中快跑到 10 公里时，你脑子里却想着跑到 30 公里时有可能会发生的事；在应该监督、调整当前的身体状态时，你的意识却在全力推测如何跑好全程比赛，那将会怎样？

过分忧虑前面的赛程会让人产生对比赛的畏怯，缺乏对身体即时状态的足够感知，造成机体的生理状态和生物力学状态的完全混乱。

当你重新把注意力收回到眼前时，你会发现自己的身体完全处在一个忙乱无序的状态中，好像之前担心的事情正在发生。你的意识本能要做的是恢复良好的技术动作、坚持完成比赛，可当它再次面对现实时却发现肢体已经不听使唤了。

此时此刻，取得理想成绩已经不大可能，最终，你的步伐开始紊乱，肌肉感到疼痛，身体向大脑发出的所有信息都是让你立即停止，之前的担忧已经变成了现实。所有这一切都是因为没能把注意力集中于当前。

设想一个有上述经历的选手在事后的跑步日志中一定会写下这次比赛中意识的来回游移，以及这样做的后果。“当跑到 10 公里时，我已经满脑子都在想 30 公里会出现的问题，同时也觉得身体开始出现问题。”通过罗列叙述事情的经过、感觉和想法，你脑中会对问题产生一个全新的认识。你会在下次比赛前于日志的“注意力的准备”部分将上述心理过失作为注意事项写下来，并在比赛中避免之前犯过的错误。

重新审视

重新审视可以将潜在的消极状况转化为积极的影响，它不是让人们关注发生了什么，而是如何看待已经发生的事情。假如今天你跑得不好，非常沮丧，这时你可以尝试一下重新审视，问问自己如下几个问题：

- 我今天哪些做得还不错？
- 我学到了什么？
- 我应该如何利用学到的经验？

你至少能够发现一个积极的因素，那就是：你至少用那段时间来训练了，而不是上网了。发现并记录积极的事情可以激励你不断进步。

THE RUNNING REVOLUTION
HOW TO RUN FASTER, FARTHER AND INJURY-FREE — FOR LIFE

重新审视

今天，尽管我认为完全不需要做这个简单练习，可还是按计划完成了。我尽量不去想对这个练习本身的看法，而将注意力集中到对动作技术的领会上。练习就应该完全摆脱思维定式的影响，通过反复练习建立新的动作模式。

思考与感想

这是一个自由拟定的标题，在这个标题下，你可以写下任何有关跑步和姿势跑法的体会。比如有一天，在凌晨 3 点你忽然有了灵感又怕过后忘记，你就可以立刻把它记在这个标题下。也许第二天你再看到它时又启发出一些新的感想。当然，你听到或看到的有关跑步技术方面信息的评论以及在训练过程中让你觉得讨厌或振奋的事情，都可以写在这部分。

THE RUNNING REVOLUTION
HOW TO RUN FASTER, FARTHER AND INJURY-FREE — FOR LIFE

思考与感想

我的天呀，今天下楼去上班时，我忽然间领会到了跑步时我是如何用前脚掌着地的，而且我觉得使用前脚掌下楼很轻松。然后我认识到，在任何运动中，都有一个移动身体重心的最佳方法。现在我可以把这个发现运用到运动和生活中的很多动作上！

在本书其他有关运动日志的部分中，我们都明确说明了在各个标题下应该记录的内容，以及如何更好地掌握姿势跑法。而日志的这一部分则完全由你自由掌握，你可以写下有关跑步的任何点滴。

THE RUNNING REVOLUTION

04

选择合适的跑鞋

·如何找到最好的跑鞋·

现在你已经对知觉能力和知觉的相关知识有些了解了，下面讲的你可能会觉得难以接受：穿着鞋底又厚又不易弯曲的缓冲跑鞋根本不能用自然跑步法跑步，而且受伤的概率会增高。运动控制型跑鞋使脚处于相对僵直的状态，限制了脚部的自然功能和肌肉运动，使其不能自由活动。被限制的脚是无力的，不能在跑步中发挥积极的作用。那么为什么在过去的 40 年中，运动鞋在美国的体育和文化中充当了重要的角色？那是因为当人们把一双鞋穿在脚上时，鞋就成为自身的一部分。从人们对鞋的选择上就可以看出一个人的身份和社会地位，甚至政治倾向。跑者也不例外，他们深信跑鞋的好坏是决定运动成绩的关键，从这种观念中受益最大的是跑鞋生产商，而不是穿跑鞋的人。

利用人们在潜意识中对跑鞋的依赖，各大跑鞋厂商在过去的几十年中，在据说可以提高运动成绩的跑鞋科技上展开了激烈竞争。各种声称处于技术领先地位的新鞋跟（缓冲胶、弹簧和气垫）和新结构（足弓支撑和运动控制等）层出不穷。为了技术研发和市场测试，这些厂商还拥有各自的绝密实验室。不管这些技术是不是真正对跑者有益，他们的目的只有一个，就是利益的最大化。就像食品生产厂宣传食品的好味道一样，跑鞋生产厂也会宣传这些跑鞋会让你感到很舒适。各种填充物、坚韧的支撑和运动控制，使跑鞋更像受伤后才穿戴的保护套。健康的人选择这种鞋并没什么好处，它会使脚变得无力和功能欠缺。值得庆幸的是，跑鞋的最新流行趋势是简单。现在你可以很容易就找到一双练习姿势跑法的平底跑鞋。

在扔掉你那双重重的、带缓冲胶的稳定型跑鞋之前，先把它穿在脚上，拿出你的跑步日志。在跑步日志中你的个人档案部分写下这双鞋穿在脚上的感觉。脚的活动性怎么样？和赤脚相比感觉有什么不同？把脚轻轻放在地面上时，你可以觉察到鞋和地面的接触点吗？来自地面的压力是不是均匀地分布在脚掌部位？在购买本书推荐的跑鞋时，带上记载这部分内容的跑步日志。

合适的跑鞋：平、薄而柔韧

为最大限度地发挥体能、减少运动伤害，你需要一双重量轻、鞋底薄而柔韧的平底跑鞋。它可以在跑步时让人体和地面之间形成精确而完美的相互作用，而有着又硬又厚鞋底的跑鞋是办不到的。在跑步时，神经肌肉的高度协调可以让身体快速得到和摆脱支撑，这个过程是以百分之一秒为单位计算的。缓冲过度的跑鞋可以造成这个过程的延长，从而影响技术动作的发挥。

你可以去体育用品商店的跑鞋区看一下，各种选择会让你眼花缭乱，而且你会发现说明中用上“平底”“薄”“柔软”这种字眼的鞋，即便有，也非常少。想找一双平底鞋，你要在说明中找“鞋跟与鞋头之间零落差”这样的术语。而你只能在赤足跑鞋或极简跑鞋的分类中才能找到鞋底既薄又柔软的跑鞋。

系鞋带时，从脚背到脚踝这部分一定要系紧，而足趾和脚掌这部分要放松一些。鞋的大小一定要合适。

一旦发现一双看上去合适的鞋，你可以立刻穿上去做一下前面讲的知觉练习。相信我，专业的鞋店店员在看到你做出弹性站姿，然后闭上双眼的情形时，他不会感到惊讶。然后，来回跑几步感觉每一个落地动作，感觉一下鞋的哪一部分先和地面接触，是鞋跟、鞋的中部，还是前脚掌？

在脚着地时，体会一下着地点和身体重心之间的相对位置，是在重心之前、重心下面还是重心之后？在练习时，你是含胸还是挺胸？头部处在什么位置？如果你试穿的鞋让你在做上述体验时有些困惑，或你感觉和你的旧鞋差不多，那么再试试另外一双。

如果你感觉这双鞋就像为你定做的一样，试着用前脚掌落地跑几步：整个鞋会和你的脚一起弯曲，没有鞋带的摩擦和鞋底的抗弯曲阻力。

几款值得考虑的平底极简鞋

赤足跑

优秀的非洲运动员在过去40年的大部分时间里，主宰了世界长距离跑步项目。观察他们的跑步动作你会发现，他们的动作不但效率高，而且非常轻盈，这通常是因为这些选手在儿童时期就赤足跑步。他们不但很小就掌握了合理的跑步技术，而且加强了脚和踝关节的力量。与花钱买缓冲跑鞋相比，加强脚、踝的力量训练，更能减少由于跟腱炎、足底筋膜炎或其他常见运动损伤而被迫放弃比赛的可能。因此，我们应该认真考虑是否可以将赤足跑当作一个训练手段。赤足或者穿五趾袜跑步可以加强对跑步姿态的感知和敏感性，但它不能保证跑步技术的正确性。本书中的大部分练习都可以赤足完成，我本人也鼓励这样做，特别是在做跳跃和跳绳练习时。这些练习在沙滩、田径场和高尔夫球场上都可以进行。我要强调一点，一个可以赤足跑的人并不意味着掌握了姿势跑法，你要通过姿势跑法掌握赤足跑。

矫形鞋垫：如何扔掉它们

如果你的腿断了，你会终生都打着石膏吗？当然不会。同样的答案也适用于矫形鞋垫的使用。理论上讲，矫形鞋垫是用于矫正像扁平足或高弓足这样的畸形，也可帮助治疗髂胫束摩擦综合征和膝盖疼痛。而实际上，这只是人为地减缓症状，而不是消除病因。矫形鞋垫不能强化身体的薄弱环节，提高跑步技术，不但如此，它们还会使已经无力的肌肉继续退化，削弱了在跑步技术层面接受矫正的能力。选择使用矫形鞋垫，就是选择了终身使用拐杖走路！

然而，知道矫形鞋垫并不能解决根本问题是一回事，把这个依赖多年的东西从鞋里拿出来是另外一回事。完全摆脱矫形鞋垫是具有挑战性的。你要逐渐、以安全为前提完成这件事。下面就是一些指导原则：

- 首先，尽可能地消除你的恐惧。不停地提醒自己：你的矫形鞋垫并没有帮你解决你希望它能够解决的任何问题。
- 把你的矫形鞋垫放到你新买的极简鞋里，完成第一部分余下的练习。
- 在第二部分的课程开始时，拿掉矫形鞋垫。如果你感到疼痛，就把它们装回去，试着在下一节课中再拿掉。
- 开始的动作要慢，要通过训练使脚部变得有力、灵活和敏捷。
- 在这段过渡时期，跑步的距离不要太长。

几种跑鞋的历史

稻草和皮革

BC 人类最早的跑鞋可以追溯到公元前7000年、公元前3000年、公元前300年的希腊和罗马

1852 第一双带钉跑鞋面世

硫化橡胶和跑钉

1916 科迪斯运动鞋上市，这是历史上第一款主流跑鞋

1917 匡威发布第一款帆布鞋

1936 阿迪达斯开始生产钉鞋，杰西・欧文斯（Jesse Owens）穿着这款鞋参加了柏林奥运会

楔形鞋底和附着力加大的鞋底

1972 比尔・鲍尔曼（Bill Bowerman）率先在俄勒冈田径队使用了耐克跑鞋

1975 比尔・鲍尔曼和耐克公司将“慢跑”理念引入美国市场，推出了楔形鞋底跑鞋

鞋底缓冲：空气、胶体和弹簧

1980s 耐克发布了鞋跟带有气囊的跑鞋，加大了跟部的减震效果

1990s 胶体被植入鞋底，以增加舒适度和支撑

2000s 鞋内弹簧进一步加强了避震和支撑功能

极简跑鞋再次流行

2008 为重归自然的跑步方式，极简跑鞋为脚部只提供有限的支撑

2010 鞋底零落差的跑鞋，底部是平的

THE RUNNING REVOLUTION

05

拍　摄

·了解自己的动作·

现在你了解了知觉能力对一个跑者的重要性、写跑步日志的必要性，以及适当的跑鞋可以让你的知觉能力得到最大限度的发挥。下面我就要教你一个检验自己知觉能力的最好方法：给自己拍摄跑步视频。

通过拍摄、观察你的跑步视频，可以很容易地看到你在哪些方面取得了进步，哪些地方还要集中精力加以改进。做到这一点，首先要做的是拍摄你的原始动作。任何事情都有一个起点，拍摄下你开始练习以前的动作可以更好地评估你的进步。

基本的拍摄步骤

最理想的是你能有一台摄像机和一个三脚架，不过你的智能手机也能做这件事。至于拍摄，你不需要雇一个未来的斯皮尔伯格来拍摄，你的任何一个朋友就可以胜任这件事。

下一步，找一个你在学习姿势跑法这段时间都可以方便到达的地方，这可以让你在将来观看不同时间拍摄的视频时有一个共同的背景，以方便对比。这个地方应该相对比较平坦和空旷。这样，你的拍摄人站在一个位置不动，就能够无障碍地拍到至少 20 米的距离。如果这个地方的地面也适合赤足跑就更好了。如果你的附近有一个田径场或一片沙滩，这都是不错的选择。

最后，穿一件和拍摄背景有鲜明反差的衣服，让你的脚、腿和关节部分在视频中比较容易被观察到。现在，你就可以穿上新跑鞋，叫上你的朋友去拍摄地点拍摄了。

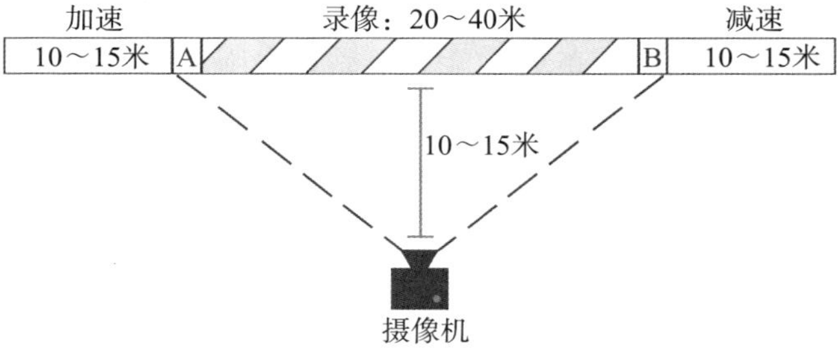

① 为标示每次摄像内容的开始和结尾，用几件白色的 T 恤衫或其他一些颜色比较分明的物体放在摄像开始和结束的位置。两件标示物之间的距离是 20～40 米。

② 摄像者站在两件标示物中间的位置，录像设备的上下角度应该能够把你从头到脚全部拍摄下来。

③ 拍摄人应该把镜头对准第一个标示物（图中“A”的位置）。

④ 在第一个标示物之前要给自己留出 10～15 米的距离，让你能够加速到中等速度，也就是半程马拉松的速度，通过第一个标示物进入

镜头。

⑤ 一旦进入镜头，拍摄人应该保持原地不动，摆动器材，保持你在画面中心跟随你跑出 20 ～ 40 米。在这个过程中不要调整焦距。

⑥ 在你跑过第二个标示物（图中“B”的位置）时，停止器材的摆动，让你跑出镜头。

⑦ 跑过第二个标示物后，要继续跑 10 ～ 15 米将速度降下来。

⑧ 以快得多的速度再录一次，不是全力冲刺，而是大概 5 000 米比赛时的速度。

如果有时间，想积累更全面的资料，你可以再赤足录一遍。为更全面地分析你的跑步姿态，你也可以要求你的朋友再从正前方和正后方分别录下你的跑步动作。

如果你找不到帮手却又有个三脚架，把你的摄像机装到三脚架上向相反的方向移动，直到在镜头中能够同时出现“A”和“B”两个标示物。打开录像开关，按上述要求进行跑步录像。

录像的时间安排

一般来讲，任何时候，只要你认为有必要，都可以拍下自己的跑步动作。但至少在下列时间必须使用你的摄像机：

- 今天，录下你的原始动作。
- 第一课的练习部分以及全部学完 10 节训练课以后再做同样的练习。
- 在学完所有 10 节训练课后加大跑量和完善跑步姿势的过程中，在每个为期 3 个星期的训练周期结束时，再录一次。

如果你有三脚架，可以考虑随时把书中的全部练习都录下来。在每个星期的开始和结束时加大录制频率，这样你就可以留下一套非常详尽的视频资料供学习和分析了。

以他人的视角观察、分析自己的跑步动作，可以使你察觉到你认为自己做的动作与实际做出的动作之间的差别。在不经意时，你已经不自觉地开始观察其他人的跑步动作了。自己可以前脚掌着地跑步，同时又能对别人的跑姿加以分析，可以让你跑得更好。视频对比是了解学习状态的最佳手段，它可以让你觉察到你离完美的跑步姿态是否越来越近。

视频分析的6个要点

在附录中，“视频分析的 6 个要点”包含了所有跑步要素，供你分析自己的跑步姿势时参考。对视频的分析就像跑步一样，也是一种技能，你做得越多，也就做得越好。

THE
RUNNING
REVOLUTION

06

准备活动

·增加身体柔软度的31个拉伸练习·

中国有一句老话，“人老关节衰”。如果你的关节在其活动范围内可以毫无痛感地自如活动，说明你身体的运动功能还未退化。保持身体的年轻状态，你的关节、肌肉和肌腱要有足够的强度，使其在运动中能够吸收、承担和释放动能。学习本章可以为你提高身体柔软度、增加肌肉和肌腱的弹性打下基础，而富有弹性的肌肉与肌腱是防止运动损伤、增强运动机能的首要因素。

下面将要学到的动态练习和你的高中体育老师教的常规拉伸练习有些不同。那时的观念是，肌肉可以通过静态的拉伸而变长，如今这个观念已完全过时。学过解剖知识的人都知道，肌肉的长度取决于其附着的骨骼和关节的大小，是不会发生变化的。肌肉的柔软度表现为肌肉可以通过放松，使关节能够活动自如。从这方面看，身体的柔软度更取决于关节的活动范围，而肌肉只是为关节的活动提供了支持和动力。和传统的拉伸相比，增加身体的柔软度需要完全不同的思维方法。轻柔而短时间的静态拉伸可以放松肌肉、缓解紧张，但并不能使肌肉本身变长。增大关节的活动范围可以加强身体的柔软度，增大肢体的活动幅度。这和肌肉的拉伸毫无关系。

在做日常的准备活动时，一定要遵循如下规则：要把大部分体重放在还没有活动到的身体部位。例如，当你活动右脚的踝关节时，要把体重集中在作为支撑的左脚上面。当右踝关节恢复其柔软度之后，再将一部分体重转移到右脚上面，让你的右踝关节承担一定负荷，也就是你的体重，并在其最大活动范围内活动。就像做负荷逐步增加的力量练习，随着关节、肌腱和肌肉的逐渐强壮，在不减小运动幅度和忽视安全的前提下，可以将更多的重量放在动作部位上。要少量、逐步增加重量，这个过程可能是几个星期或几个月。要记住，准备活动的首要目的是提高你的柔软度。

就像学习任何新动作，最开始的时候都会让你觉得有些沮丧，因为示范图演示的都是最标准的姿势，你不可能马上和标准动作做得一模一样。振作起来开始练习：通过不断的训练让关节的活动范围逐渐加大，同时，摒弃杂念，将精力集中到增强你的感知方面，感知肢体的活动范围、感知如何有效地利用你的体重。下面是一些准备活动的准则：

- 常规的准备活动要在每节课和每次练习之前完成。
- 量力而行。
- 整个准备活动要在 8 ～ 10 分钟内完成。
- 随着动作的熟练，可以尝试着动作之间的动态连接，将各个独立的动作变成一套连续的动作。

（1）手 / 腕伸展

➤ 右手臂呈托托盘状——屈肘，掌心向上，手指向前。

➤ 用左手拉右手手指的同时，慢慢伸直右臂，直到完全伸展，然后向身体的方向拉伸右手手指。伸展动作和拉伸动作要同时进行。

➤ 换另一只手重复上述动作。

（2）双肘并拢，手 / 腕拉伸

- 双手五指交叉放到胸前，掌心向下，双肘朝外。
- 保持肩部下垂，向上翻转掌心，同时将两肘尽量并拢。如果不能让双肘碰在一起也没关系。要有耐心，肢体的活动范围会随着不断的练习逐渐加大。

（3）手臂外展拉伸

➤ 双手五指交叉，掌心向外。

➤ 在胸前以肩部高度伸直双臂。保持两个肩胛骨的并拢和下垂，关注肩部、肘部、手腕和手上的感觉。不要含胸。

（4）祈祷姿势腕部拉伸

- 将双手并拢成祈祷姿势靠紧前胸，双肘置于胸前，肘尖向外。
- 向前旋转双手的同时含胸，直至双肘垂直于地面，两肘相互靠拢，手指向下，双手指尖以同等力量相互挤压。这时，双手掌可略微分离。感觉每一个指尖上的压力，保持肩部下垂、放松。

(5) 十指相扣手臂旋转

➤ 双臂伸直置于体前，左手置于右手之上交叉双手，掌心相对，五指交叉，肩部保持水平，挺胸。

➤ 曲臂向胸口方向旋转手臂，直至双臂外翻后重新完全伸直。

➤ 将右手置于左手之上重新交叉后重复上述动作。

（6）单手触摸肩胛骨

➤ 将一只手像挠痒一样置于背后。

➤ 保持肩部的放松和下垂，尽量让这只手触到同一侧的肩胛骨。保持腰部挺直。

➤ 换另一只手重复上述动作。通常一只手比另一只手做起来容易些。

(7) 双手触摸双侧肩胛骨

➤ 将双手置于背后。

➤ 保持肩部的放松和下垂，腰部挺直，用双手分别触碰同侧肩胛骨。同样，一只手通常比另一只手做起来容易些。

(8)双手跨肩背后相扣

- 将左手放在背后，抬右臂屈肘，将右手置于背后。
- 注意，不要挺胸，也不要含胸，保持背部自然状态，将双手手指相互勾连。如果两手不能接触，就让它们尽可能地相互靠近。
- 双手互换，重复上述动作。

(9) 背后祈祷式拉伸

➤ 将双手置于背后。

➤ 手掌相对贴紧，指尖向上，形成祈祷手形，避免驼背和挺胸，不要弯腰。如果形成祈祷手形有困难，可将双手手掌尽可能相互靠近。这个动作对肩关节的活动范围要求很高，有一定难度，要有耐心。

(10) 单腿站立股四头肌拉伸

- 站立，双脚与肩同宽。
- 左腿单腿站立，屈右腿，右手后伸抓住右脚踝关节下方。支撑腿（左腿）的踝关节、髋关节、肩关节和耳朵保持在一条直线上。不要挺胸，保持双侧大腿高度一致，右腿在右侧臀部下方。
- 用右手将右脚拉向右臀。动作要轻柔，不要强迫脚后跟碰你的臀部。
- 换另一条腿重复上述动作。

（11）站姿前屈体股四头肌拉伸

➤ 同前一个练习的开始姿势，右手在身后握紧右脚，用左腿站立保持身体平衡。动作要轻柔，不要强拉脚后跟触碰臀部。

➤ 向前慢慢屈体，左臂向前摆出，超过肩关节。这时，你会感到维持平衡的支撑腿负荷加大，在前屈的过程中眼看地面，直到左手在左脚前 10 厘米左右的位置触地。

➤ 换另一条腿重复上述动作。

（12）前弓步拉伸

- 站立，双脚与肩同宽。
- 右腿向前跨出一大步，后脚脚跟离开地面。
- 屈前腿，降低身体重心，右腿大腿与小腿之间的夹角成 90° 时停止。①如果大腿与小腿之间的夹角暂时达不到 90°，也不要在意。要有耐心，只要坚持，肢体的活动范围会随着时间逐渐加大。
- 换另一条腿重复上述动作。

① 做此练习时要保持上身直立，腹肌适当收缩。——译者注

（13）屈体弓步拉伸

- 直立，双手置于臀部两侧，左腿向前跨出一大步，后脚脚跟离开地面。与正压腿一样。
- 上体前屈，将双手置于前腿内侧的地面，屈臂，尽量用前臂和肘部触地。做这个动作不要操之过急，在身体前屈的过程中，可能需要由单手过渡到双手接触地面，支撑体重，然后慢慢屈臂，尽量用肘部支撑地面。
- 换另一条腿重复上述动作。

（14）直臂侧压腿

- 先站姿，后俯身，双手触摸地面，然后屈腿成下蹲姿势。
- 双手手指相互扣紧，将双臂向前伸出。
- 将体重放在左腿的同时，将右腿向右方伸展、蹬直，脚尖向上，脚跟触地。上体向左侧振压，要把动作做得准确、流畅，同时感知臀部的肌肉活动。
- 换另一条腿重复上述动作。

（15）手支撑侧弓步拉伸

- 呈左腿伸直的直臂侧压腿姿势。
- 向前屈体，在伸直手臂将手掌放在地面的同时低头。
- 为加强拉伸效果，可将双手触地位置尽量前移。
- 换另一条腿重复上述动作。

(16)动态侧弓步拉伸

- 呈右腿伸直的直臂侧压腿姿势。
- 转体，将胸部移向右膝上方的同时伸右手触碰右脚。
- 伸展左臂使其在左腿内侧伸到体前，保持正常呼吸。必要时，可将左手触地，以维持平衡。
- 换另一条腿重复上述动作。

(17) 双脚前后分立，双手触地

➤ 站立，双脚与肩同宽。右脚向前迈一小步，使双脚前后间距为15厘米。

➤ 保持双腿伸直，前屈体，双手触地。

➤ 双腿互换位置后重复上述动作。

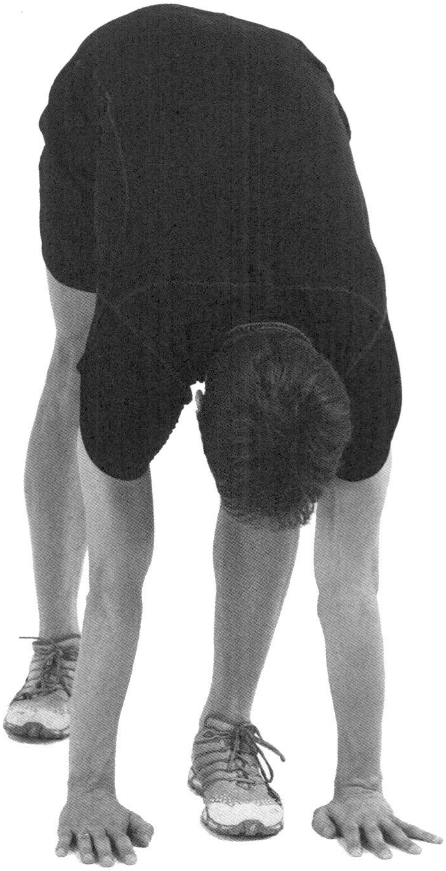

（18）双脚前后相触，双手触地

➤ 两脚前后排列站立，后脚脚尖触碰前脚脚跟。

➤ 保持双腿伸直，前屈体，双手触地。

➤ 双腿互换位置后重复上述动作。

（19）单脚勾脚，双手触地

➤ 站立，双脚与肩同宽。右脚向前迈一小步，使双脚前后间距为 15 厘米。右脚脚尖抬离地面，让体重均匀地分布在双脚上。

➤ 保持双腿伸直，前屈体，双手触地。

➤ 双腿互换位置后重复上述动作。

(20) 双脚勾脚，双手触地

- 站立，双脚平行与肩同宽。脚尖抬离地面，体重落在双脚脚跟。
- 前屈体，双手触地。

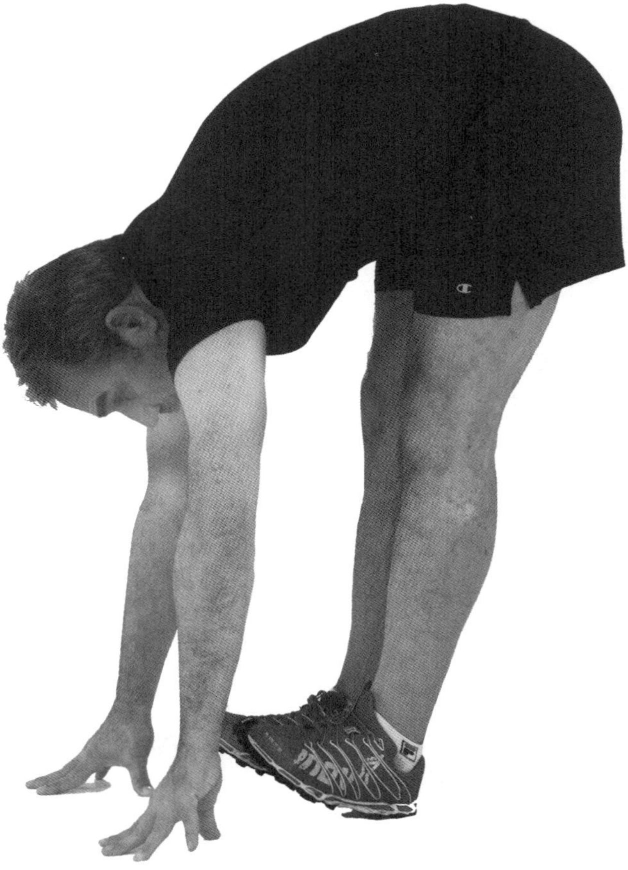

（21）踝关节交叉，双手触地

➤ 右腿在前，双腿交叉，双脚并列站立。

➤ 保持双腿伸直，前屈体，双手触地。

➤ 双腿互换位置后重复上述动作。

(22) 双脚交叉内翻，双手触地

- 站立，右腿在前，双腿交叉，双脚并列。双脚向内翻转，以脚外缘接触地面。
- 保持双腿伸直，前屈体，双手触地。
- 双腿互换位置后重复上述动作。

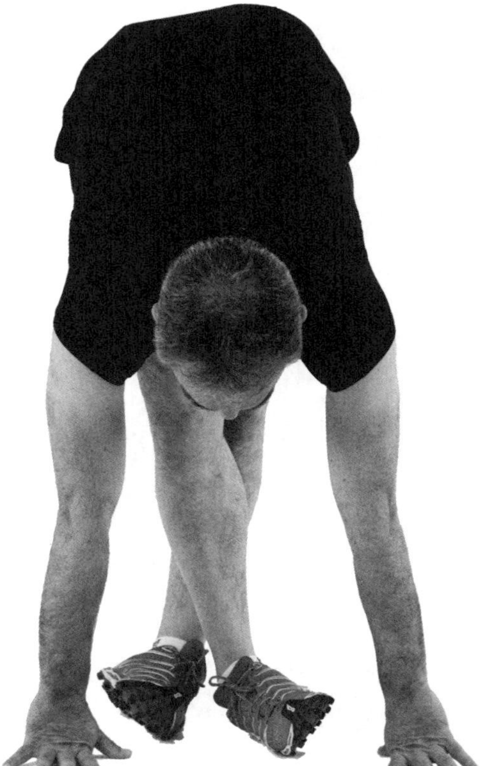

（23）单脚内翻，双手触地

➤ 站立，双脚与肩同宽。右脚向前迈一小步，使双脚前后间距为 15 厘米，前脚向内翻转，以脚外缘接触地面。

➤ 保持双腿伸直，前屈体，双手触地。

➤ 双腿互换位置后重复上述动作。

(24) 双脚内翻，双手触地

➤ 站立，双脚并列，向内翻转双脚，用脚外缘着地。

➤ 保持双腿伸直，前屈体，双手触地。

（25）双手背后相扣前屈体

- 双脚并拢站立，双臂置于背后，双手手指相扣，双臂自然下垂，这时双手应靠近尾骨。
- 直腿向前屈体，使额头尽量靠近膝盖，双臂随上身自然抬高。

(26) 双脚外展，双手触地

- 站立，双脚脚跟并拢，脚尖向外。双臂自然下垂于体侧。
- 保持双腿伸直，前屈体，双手触地。

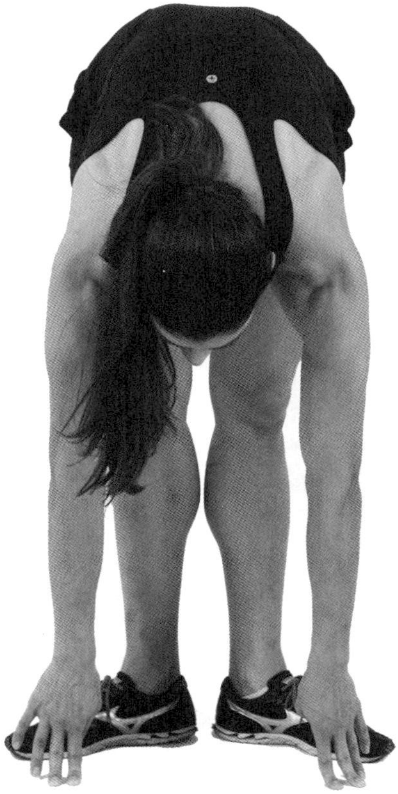

(27) 双脚交叉外展，双手触地

➤ 站立，将右脚置于左脚前面，双脚脚尖向外，右脚脚跟靠近左脚足弓。双臂自然下垂于体侧。

➤ 保持双腿伸直，前屈体，双手触地。

➤ 双腿互换位置后重复上述动作。

(28) 手抓踝关节前屈体

➤ 双腿分腿站立，两脚间距大于肩宽，双手自然下垂。

➤ 弯腰屈体，双手由外侧抓住双脚踝关节，尽量将头部伸向脚前地面。

(29) 基础原地跳跃

- 由弹性站姿开始。体重集中在前脚掌，膝关节在脚趾上方，踝关节、髋关节、肩关节和耳朵成一条直线。
- 轻微耸肩助力原地起跳，双脚离地后保持弹性站姿。练习时，想象自己在试图摆脱地球引力，而不是向上跳跃。
- 用前脚掌落地，注意，后脚跟始终不要接触地面。
- 重复跳跃 8 次，双脚触地时间要短，保持上体放松。
- 休息 1 分钟。

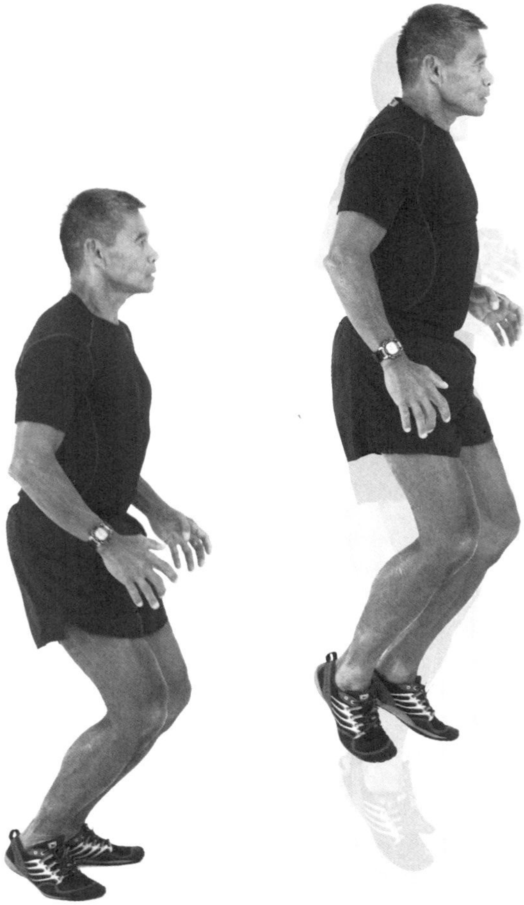

(30)原地跳跃,脚跟互碰

- 弹性站姿站立,双臂自然下垂于身体两侧。
- 轻微耸肩助力原地起跳,动作过程中保持弹性站姿。
- 在身体腾空至最高点时,将两脚后跟互碰。
- 用前脚掌落地,注意,后脚跟始终不要接触地面。
- 重复跳跃 8 次,双脚触地时间要短,保持双臂放松。
- 休息 1 分钟。

（31）横向跳跃

➤ 弹性站姿站立，双臂放松自然下垂。

➤ 轻微伸直左腿，将全部体重集中到右腿上，蹬右腿，跳向左边。不要用力过大，身体上下运动幅度控制在 15 厘米左右。

➤ 腾空后，用左脚前脚掌落地，顺势用左腿承担全部体重。

➤ 左腿蹬离再跳回右侧，单腿跳跃 8 次。保持上身放松，支撑腿在支撑全部体重时，臀部的中心要在支撑脚的正上方。触地时间越短越好，脚跟始终不要接触地面。

要坚持不懈

就像所有其他体育运动一样，随着这些拉伸练习次数的增多，动作也会越来越标准，关节的活动范围也越来越大，有一天你的拉伸动作会和标准动作完全一样。每个星期每组跳跃练习的次数也要逐渐增加，比如从 8 到 10、从 10 到 12、从 12 到 15……今天觉得很难做到的动作，一个月之后就会觉得很平常了。最重要的是，所有这些进步意味着你已经为高效、无损伤地掌握正确的跑步技术打下了基础。

THE
RUNNING
REVOLUTION

07

力量训练

·4种常规的力量练习·

20世纪70年代初期是跑步热潮刚开始的时候，那时运动员和教练都完全摒弃了跑步的力量训练。当时最流行的说法是，力量训练会使肌肉变得僵硬，要想跑得快，只练习跑步就足够了，而训练的重点应该是心血管系统，强化你的心脏和肺。持有这种观点的人并没有将人体看作一个整体，而他们的训练方法只有一个，那就是加大运动量。现在，科研人员和教练都认识到，力量水平对于一个跑步运动员至关重要，而力量训练对于一个优秀的运动员也是必不可少的。

在本章中，我们将介绍一套针对跑步的常规力量练习方法。这些练习可以帮助你掌握正确的跑步技术，防止运动损伤，最大限度地发挥潜能。由于重力作用而产生的负荷是重力负荷，人在运动时要有足够的力量克服身体的重力负荷。在慢跑时，这个负荷可以增加到体重的1.5倍，全速跑时可以增加到3倍。如果你的体重是90公斤，你必须使你的身体，包括你的肌肉、肌腱、韧带和骨骼能够承受从慢跑时的135公斤至全速跑时的270公斤的负荷。一个运动员如果没有足够的身体力量作为基础，不可能完成正确的技术动作。

不要被上面的数字吓倒：通过下面的练习，就可以使你有足够的力量克服运动时的重力负荷。就像每次训练前都要做前面学过的准备活动一样，每次训练后也都要做下面的力量练习，这些练习将伴随你为期 4 个星期的 10 节课程。就像前面介绍的跳跃练习一样，每组力量练习的重复次数也要随着课程的进展逐步增加。当 4 个星期后开始姿势跑法的跑步练习时，你将遇到与力量练习不同的难度更大的挑战。

现在就应该熟悉一下这些你每天都要做的练习，以下是练习的基本要求：

- 所有动作都是从臀部开始发力。
- 保持臀部的稳定（臀大肌紧张），不要使其左右摆动。做侧身抬臀时，如果用手支撑地面有困难，可以换由前臂和肘部支撑。
- 臀部抬起时呼气，臀部下沉时吸气。
- 练习时要控制好身体姿态，要保持前脚掌、髋关节、肩关节和头部在一条直线上。
- 通过将肚脐收向脊柱来激活核心肌群。

（1）仰面抬臀

- 坐在地板上，双手放在身后，位于同侧肩关节正下方（掌心向下，指尖指向侧后方），双腿于体前伸直。
- 尽可能高地抬起臀部，只用双手和双脚脚跟支撑体重。
- 还原到初始姿势，重新抬臀并重复10次。每组的动作次数逐星期递增（增加的具体次数将在之后的相关课程中介绍）。

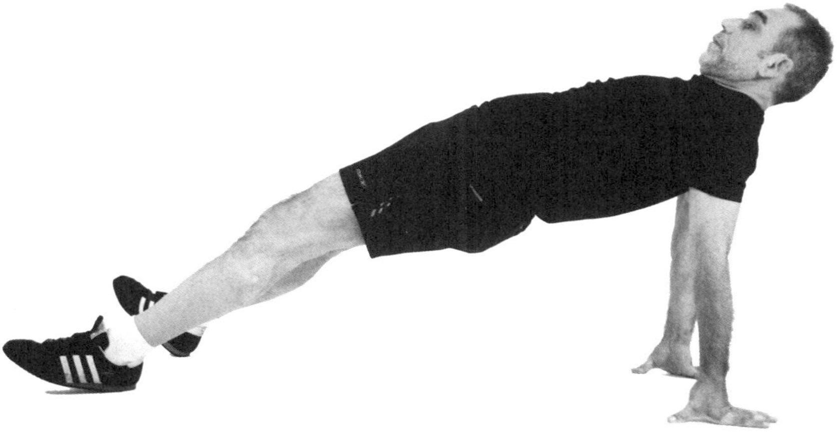

（2）俯卧抬臀

➤ 俯卧撑姿势，双手在两侧肩关节正下方，手臂伸直，身体呈一直线，双脚勾脚尖触地。

➤ 尽量将臀部抬高，使身体呈一个倒“V”形。

➤ 还原至初始的俯卧撑姿势，重复 10 次。

(3) 侧身抬臀

➤ 右臂伸直于体侧，左臂伸直于左肩下方支撑上体重量，臀部接触地面。

➤ 将臀部尽可能高地抬向空中。

➤ 将臀部降低到起始姿势，重复 10 次。

➤ 换另一只手再做 10 次。

（4）深蹲

- 站立，两脚间距略大于肩宽，双臂伸直抬起，与肩同高，用双脚前脚掌支撑体重。
- 保持上身挺直，屈腿，尽量呈深蹲姿势，双脚脚跟不要离开地面。
- 还原到初始姿势，重复 10 次。

THE RUNNING REVOLUTION

HOW TO RUN FASTER,FARTHER,AND INJURY-FREE—FOR LIFE

PART 2

姿势跑法的10堂课

THE
RUNNING
REVOLUTION

08

开 讲

·用更好的跑步姿态代替不良的跑步方式·

在一些人的认识中，好像没有跑鞋就不能跑步。如今一谈起跑步，人们想到的就是具有缓冲功能的跑鞋和缺乏运动的生活方式。在现代社会，我们需要忘记的东西和需要学习的东西几乎一样多，这是一个通病。因此,像“尽管顺其自然地做”和“只管去做”这样的劝告可能不完全有益。对于跑步来说，仅仅“顺其自然地跑”已经不能还原跑步的真谛。在本章之后的10节训练课中，你将学会如何用更好的跑步姿态代替根深蒂固的不良跑步方式。

练习跑步就像学习演奏古典音乐一样，要通过不断的重复练习来达到完美。所以，尽管你已经很好地掌握了前面课程中学到的准备动作和力量训练，但在后面的课程学习中你也要不断重复练习。课程设置的目的不是让你快速了解全部学习内容,而是让你完全达到如下几个目标。当然，达到下述目标绝非一朝一夕之功，你要有足够的耐心。

- 全面增强身体结构的力量（肌肉、肌腱和韧带）。

- 建立新的运动神经传导模式。
- 提高跑步的生物力学特性。
- 建立全新的身体运动知觉模式。

课程结构

本章之后的每个课程都将包括如下几部分：对新观念的介绍、对如何将此观念运用于跑步技术的讲解、一个运用此技术来改善原有跑步模式的练习以及一个强化技术训练。

课程的最开始是对此课程的内容概述和调整跑步技术的理论依据。在这一部分中，你将了解到哪些跑步理论是错误的，以及其为什么是错误的。

在技术动作部分中，我们将探讨理想跑步模式中某一方面的核心观念。就像我之前说过的那样，自然的跑步模式是一个通过学习才能掌握的技能。更准确地说，它是由通过逐一学习而掌握的一系列技术细节组成的技能。在这一部分中，这些技术细节将被分解后加以详细说明。

在练习部分中，你将完成由理论到实践的过渡，将概念和技术转变成自己的技术动作，这要求你真正地去练习。我们将从准备活动开始，然后学习掌握练习部分的动作。一旦你能够熟练完成练习部分的动作，就可以进入下一部分：训练。

训练部分的目的是结合已掌握的练习部分的动作，将跑步姿态逐步调整为姿势跑法。在最开始时，你也许会觉得训练很轻松，但是到第十课时，训练的时间相对要长了很多。因此，在享受前面几个课程相对低强度的身体训练的同时，要引导你将注意力放到难度较大的心理训练上，重新审视自己的跑步动作。在训练时，要慢慢习惯不断问自己这样的问题：我的肌肉是放松还是紧张？我是否弹跳过度了？我是否在向前发力？要避免因不能快速掌握正确的动作而产生的挫折感。

训练部分包括某一动作的重复次数和跑步日志的填写；这一部分也会告诉你是否要用摄像机录下你的新跑步姿态以供分析。

课程进度

制订一个适合自己水平和进度的计划，以便进行训练，首先要完成以下几点：

- 制订一星期的训练时间计划。
- 每一训练日的时间安排。
- 一个以月为单元、可按需要调整的训练计划。

现在就可以根据你的时间计划来完成你的第一个姿势跑法训练计划了。每一课至少要安排 2 天的时间，所以，如果你每个星期训练 6 天，完成全部 10 个课程的训练至少要 4 个星期。每个星期训练 6 天是比较紧张的安排，为避免肌肉损伤，每次训练的时间要短，也不要太剧烈。这种强度的训练的目的是帮助你建立新的运动模式。如果你愿意投入一定的时间、精力以期达到最佳的训练进度，按下面的建议计划你的跑步日志。

- 第一个星期：第一～三课。
- 第二个星期：第四～六课。
- 第三个星期：第七～九课。
- 第四个星期：第十课以及你认为难度较大的两节课的巩固训练。

每节课平均用时 30 分钟，包括准备活动、练习、训练和力量练习等部分，因此，你的时间安排要考虑到上述内容。每次的整体训练时间会随着你的课后跑步距离的增加而延长。如果可能，你最好将这一个月的时间主要用于新技术动作的学习，不要在课程学习后还进行日常跑步。如果你是个常年坚持的跑者，在学习新技术时暂时中断常规跑步并不是件坏事；如果你刚刚开始跑步，少量地跑一下也可以。

当然，并不是所有人对新技术的掌握程度都会随着训练时间的延长而提高；有些人的进步是稳步增长，而有些人需要在某个课程上多花一些时间。

这就意味着在按训练计划进入下一课的同时，你要额外花一点时间在前一节课中对你有些难度的动作上。如果你不能在一个月内完全掌握全部学习内容，那就调整训练计划。在跑步日志上记下练习难点，然后再给自己一星期的时间。

在训练计划中，除了要指定特定的训练时间，最好设立一个自我奖励计划。如果训练看上去是日复一日、看不到头的折磨，你就很有可能选择中途放弃；如果在艰苦训练的黑暗尽头能看到一束希望的光亮，你也许会一鼓作气地冲过去。对自己的奖励可以是训练后的一杯冷饮、周末的一顿美食，也可以是自己完成 3 个月艰辛训练时的一个小玩意儿，比如给自己买个 iPad。

最重要的是，不要心浮气躁地希望在短时间内掌握所有技术。跑步训练是一件伴随跑者终生的事，你现在学习的课程还仅仅是个开始！

THE RUNNING REVOLUTION

09

第一课

·脚·

我们的祖先在狩猎采集的年代显然没有耐克跑鞋可穿。那时，他们只能用兽皮做成各种底部又薄又软的“鞋”来保护他们的脚，这就是最初的鞋子。没有现代鞋子宽大，也没有加厚的鞋跟，我们的祖先在运动时更依赖于身体的自然结构。

跑鞋是 20 世纪 70 年代突然流行起来的。你想知道在那之前人们是如何跑步的吗？很简单，脱掉你的鞋子跑个一二十米，你就会发现：如果用脚跟着地，脚会很疼而且跑得慢；如果用前脚掌着地，不但舒服得多，而且似乎是合情合理的。这当然不是说你应该光脚跑步。这个尝试很好地证明了：最佳的运动姿态应很好地利用人体的自然结构，而不是与之相违背。在这个课程中，我们将探讨一下脚部的结构和功能。

人脚的结构是“结构满足功能”最神奇完美的例证！一只脚有 26 块骨骼、33 个关节、107 根韧带、19 块肌肉和 38 根肌腱。构成双脚的 52 块骨骼占全身骨骼数量的 25%。这个由众多骨骼、关节、韧带、肌肉和肌腱组成的复杂结构是整个人体的避震系统。在这里，我们就探究一下这个完美的结构在跑步中所起的作用。

就像遗留至今的古罗马凯旋门所证明的那样，世上没有任何一个结构比拱形结构更有承载能力。拱形结构会把重力向外、向下分散传递给相邻物体，这也是大自然为人类的脚设计的结构[①]。但是，和罗马大桥的桥拱不同，人类的足弓有着双重功能，它不但能够承受人全身的重量，还可以通过塌陷变形来减缓脚落地时的冲击力；同时，足弓还具有一定的弹性，它可以通过对其压缩减缓落地冲力，也可以在其伸展过程中将着地被压缩时聚集的能量释放为动能。

如果用脚跟着地，你就不可能利用到这个弹性系统，因为这样做完全错误地使用了身体的自然结构。用脚跟着地不仅不能使你在迈出下一步时获得富有弹性的推力，而且着地时的制动作用会使你的速度下降。

长期担任美国田径队教练的罗德尼·威尔特希尔（Rodney Wiltshire）在谈到为什么用脚跟着地是低效的跑步方法时说得很简单："从生物力学方面讲，当你用脚跟着地时，实际上是给自己踩了一脚刹车，优秀的运动员是不会跑一步踩一下刹车的。"

从一个人脚上的骨骼形状也可以判断这个人的身体是否适合跑步。趾骨和构成足弓的一些较大骨头的厚度都不一样，这中间最大、最厚的是大脚趾骨和与大脚趾连接的跖骨。因为要承受更大的重量，脚上较大的

① 因为像弓形，所以脚部的拱形部位叫足弓。——译者注

骨头会随着时间的推移变得越来越大。在你蹬离地面时，正是这些骨头承受了这一瞬间的大负荷。违背脚部自然结构的任何动作都会带来损害，并降低动作效率。脚上小一些骨头的作用是帮助你感知脚的位置和状态，它们不是用来承受落地的冲击力的。

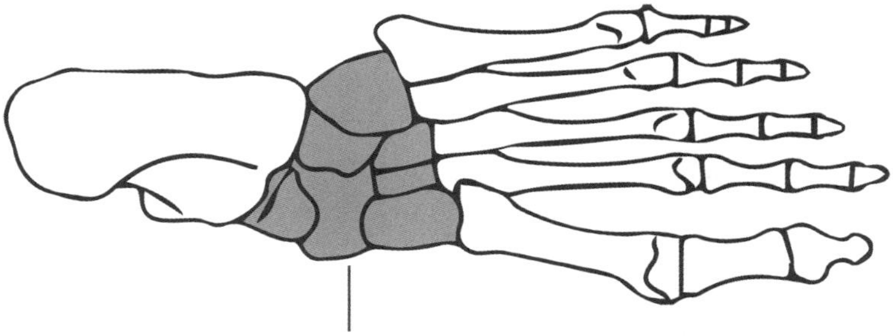

而当你走路时，的确需要脚跟先着地，因为走路不会产生像跑步时那样大的冲击力，也不会用到跑步的步幅以及任何类似于跑步的腾空动作。

技术动作：前脚掌着地技术分解

在跑圈中，不但对什么是最好的跑步步法争论不休，就连对一些技术名称的定义都有争议；有时前脚掌着地和脚中部着地被混为一谈，有时它们又被赋予了不同的含义。

在我们把精力集中到本书唯一认可的落地方式“前脚掌着地”之前，我们要先定义一下 3 种不同的着地方式。

- 脚跟着地：跑步时足跟先接触地面。
- 脚中部着地：身体重量均匀地分布到脚跟和前脚掌的同时，脚跟和前脚掌同时落地。有时这种方法也被称作平脚落地；在姿势跑法的教学中，我们叫它“独角兽着地”！这是因为我们对跑者的跑步动作进行

脚跟着地

视频分析时发现，这种着地方法在现实中极少发生，尽管有跑者声称他就是这样做的。（提示：可参考之前提到的知觉能力练习。）

- 前脚掌着地：跑步时脚掌前部先接触地面。

脚中部着地

前脚掌着地

而对跑者来说，前脚掌着地是唯一自然的着地方法。不管脚的什么部位着地，在身体前倾之前我们必须将身体重量转移到前脚掌上。那么，为什么要把直接由前脚掌落地这个能一步到位的动作通过脚跟过渡而产生延迟呢？我们可以把整个动作分解成一系列画面，逐一讲解。

开始画面　　中间画面　　结束画面

开始画面：在着地脚准备好与地面接触之前，使脚稍微内旋（通过旋转使脚的外缘接近地面，同时大脚趾轻轻向上抬升）。

中间画面：在脚接触地面后，在足弓的弹性系统被压缩的过程中，脚向外翻转，向大脚趾方向轻微外旋运动。（没错，轻微的外旋和内旋是自然着地的一部分。）在下图中你可以看到，前脚掌在落地瞬间会和地面形成一个自然夹角。

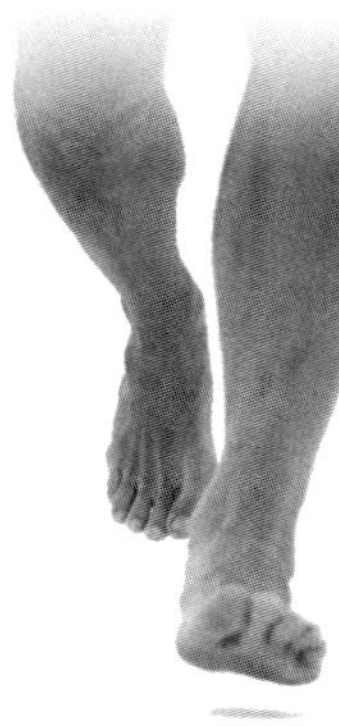

结束画面：脚弓的弹性系统回弹释放动能，身体重量由前脚掌过渡到大脚趾。

核心观念：用前脚掌着地可以吸收落地产生的冲击力，并且它还使肌腱的弹性作用得到最大程度的发挥，从而更好地减少着地的冲击力和能量消耗。而足跟着地不仅将人体这部分完美的运动结构弃之不用，而且使踝、膝、髋关节直接承受了跑步产生的冲击力，其结果就是导致超高的受伤率。

练习：身体重心知觉练习

将身体重量集中到脚的不同部位可以体现你对待世界的心态和愿望。如果你把重量集中到脚跟上，那你可能就是位老人，因为你不想运动，你的生理习惯恰恰反映了你的心理状态；如果你的重心是在前脚掌上，那么你一定是个年轻人，时刻准备好开始行动，你的生理状态透露了你的心理愿望。

此课中的练习是通过移动身体重心到脚的不同部位，帮助你培养对身体重心的知觉能力。请在你的训练日志的“注意力的准备”部分记录如下内容：体重在什么情况下会变为负荷，如何通过调整脚部姿态解除这一负荷等。一般来讲，你不必把所有这些先想明白，你的双脚会帮你完成这个体验。尽管如此，深刻了解身体重心在运动中所起的力学作用是非常有必要的，它可以帮助你熟悉身体的弹力系统，这个系统在人体运动时通过能量转化发挥作用。在完成身体重心感知的过程中，一定要时刻想着你的身体重心。在练习时也要留意你的肌肉、骨骼、肌腱和韧带是如何支撑和移动身体重心的。

身体重心知觉练习1

此练习的目的是增强脚部对身体重心位置的知觉能力，最终目的是你能够察觉重心快速而微小的变化。

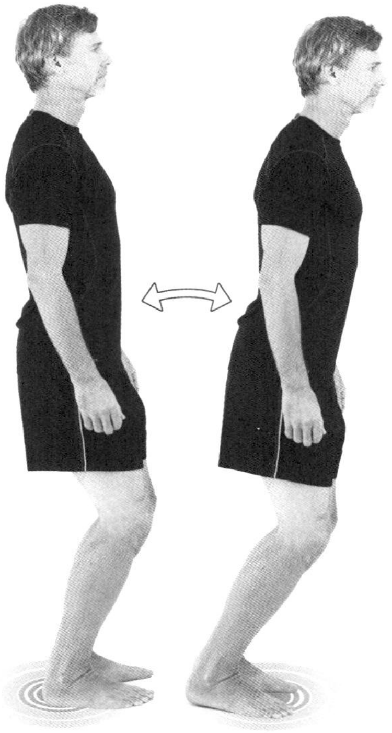

1 赤足，呈弹性站姿，调整身体使之达到可以向任何方向随时运动的状态。

2 慢慢围绕脚部移动身体重心，从前到后，从一边到另一边，然后环绕运动，像表的指针那样。

3 将身体重心集中在脚的不同部位：

◎前脚掌。
◎脚跟。
◎平均分担给脚跟和前脚掌。
◎双脚的外侧。
◎双脚的内侧。

4 重新将重心集中在最佳位置：前脚掌。

5 逐渐加快速度重复上述动作。

身体重心知觉练习2

① 赤足，呈弹性站姿，调整身体使之达到可以向任何方向随时运动的状态。

② 慢慢开始原地跑步，感知足部的弹性动作，注意每一次的着地动作。

③ 注意脚的哪一部分与地面接触：脚跟、脚中部还是前脚掌？几乎所有人在原地跑步时都用前脚掌着地。

④ 你的脚是在身体的什么地方与地面接触的？在身体之下、之前还是之后？

⑤ 感知每一次着地时弹力经由踝、膝、髋关节自下而上传导。

⑥ 全面感知你的身体：你的平衡能力和跑步姿态怎么样？它们是否随着跑步的不同阶段发生变化？你是否驼背？头部处在什么位置？

⑦ 尝试改变你上半身的位置：直立、前屈、后展。感知在什么位置时，你觉得跑步最舒服。

训练

这个以脚为中心的训练强度并不大，而且任何时间都可以进行。

① 完成跑步日志中“注意力的准备”部分的记录。

② 将日常站立姿势调整到弹性站姿，审视你的平衡状态。继续重复练习这个调整过程，直到精准地达到动作要求。此练习至少重复 5次。

③ 每天至少将身体重心知觉练习（练习 1 和练习 2）重复 3 次。

④ 找个朋友用摄像机帮你录下你的动作。

⑤ 进行一两分钟的短跑，并将跑步动作录成视频。

⑥ 力量训练：每个动作重复 8 次。

⑦ 填写跑步日志中的“训练小结”部分，只要写下你对这个阶段训练的几个想法就可以了，不需要长篇大论。当然，你最好也将下一个阶段训练的训练目的写到日志里作为准备工作的一部分，在下次训练前再看一下。

THE
RUNNING
REVOLUTION

10

第二课

·关键跑姿·

在这一课中，我们将介绍姿势跑法的关键跑姿，它是姿势跑法 3 个连续动作中的第一帧画面，也是另外两帧的基础。一帧画面是连续动作的一个瞬间，而不是动作的停顿。

区别于传统思维，姿势跑法的观念是：跑步是带有个人特征的，世界上没有一个适合于所有人的最佳跑步模式。不管是脚跟着地还是前脚掌着地，每个人都是以自己感觉最好的方式跑步。尽管如此，我仍然认为跑步中一定有一个共通的生物力学结构。姿势跑法的关键跑姿是跑步的 3 个不可缺少的动作环节之一，另外 2 个环节是落下、上拉，任何一个人在跑步时都要经过这 3 个环节。尽管动作相似，高水平选手与低水平选手完成动作的效率却完全不同。下面 3 组图片逐帧展示的就是专业运动员和业余运动员分别在不同跑速下的不同姿态。在 3 组图片中分别加深显示的一帧就是关键跑姿，从中我们可以看到，尽管他们的训练水平和跑速不同，但他们都同样完成了姿势跑法的关键跑姿。

高速跑时的关键跑姿

中速跑时的关键跑姿

低速跑时的关键跑姿

姿势跑法的关键跑姿是跑者的体重和跑步的冲击力共同作用于地面时的身体姿势。这个姿势和运动员在准备做向上跳跃时起跳前的准备姿势一样，不同的是，跑步中的这个姿势是单脚着地。正如一个滚到桌子边缘即将落下的球或是在斜坡顶端即将滚下的球体聚集了其最大势能一样，此时的身体也为瞬间加速积蓄了最大的能量。要最大限度地发挥这个能量，保持身体的相对稳定和正确的姿势是动作的关键。

技术动作：姿势跑法的关键跑姿

① 双脚着地，屈膝，呈关键跑姿。

② 屈右腿，将右脚提至右臀下，右踝与左膝同高，双下肢交叉成阿拉伯数字“4”的形状。

③ 屈左臂为右腿提供平衡。

④ 将体重集中在左脚的跖球部，左脚脚跟轻微接触地面。

⑤ 屈左腿（支撑腿），使膝盖位于左脚脚趾的正上方。

⑥ 微屈支撑腿侧髋关节，使其位于支撑脚跖球部的正上方，而肩关节位于髋关节的正上方。

如果你正确地做出了姿势跑法的关键跑姿，支撑脚的跖球部、髋关节、肩关节和头部应成为一条直线。这时，你会觉得身体已经为下一步的落下做好了准备,甚至有些迫不及待地要做这个动作了（其原因将在第三课中解释）。

练习：关键跑姿练习

下述练习的目的是通过加强脚部对身体重心的知觉能力和加强身体的平衡能力，使姿势跑法的关键跑姿深植于跑者的头脑和身体的记忆中。最终，细微的姿态调整就能让你觉察到身体重心瞬间的轻微变化。

关键跑姿的身体重心知觉练习

1. 身体呈关键跑姿。
2. 感觉身体重心在支撑脚的跖球部产生的压力，注意识别关键跑姿与双足站立姿势有什么不同。身体呈姿势跑法的关键跑姿时，支撑脚的跖球部、髋关节、肩关节和头部应成一条直线。此时，哪一个部分比较薄弱?
3. 将体重平均分布在支撑脚的全脚掌，或将身体重心在支撑脚的脚趾、脚跟、跖球部以及脚的内外侧之间来回转换，体会在每次转换时哪些肌肉被调动起来了。
4. 重新将身体重心集中在支撑脚的跖球部，还原关键跑姿。
5. 变换支撑腿，重复上述动作，体会两腿感觉是否有所不同。

关键跑姿的静态练习

① 身体呈关键跑姿。

② 检查并确认悬空腿没有将小腿后伸于身体之后，也没有高抬膝盖至身体之前。正确的位置是屈腿，使脚处于同侧臀部的正下方。

③ 将身体重心集中在支撑脚的跖球部。

④ 保持这个姿势 10 ～ 20 秒，不是利用肌肉力量，而是利用身体的平衡能力保持身体重心一直集中于支撑脚的跖球部。如果万一身体失去平衡，要缓慢恢复正确姿势。

⑤ 变换支撑腿，重复上述动作。

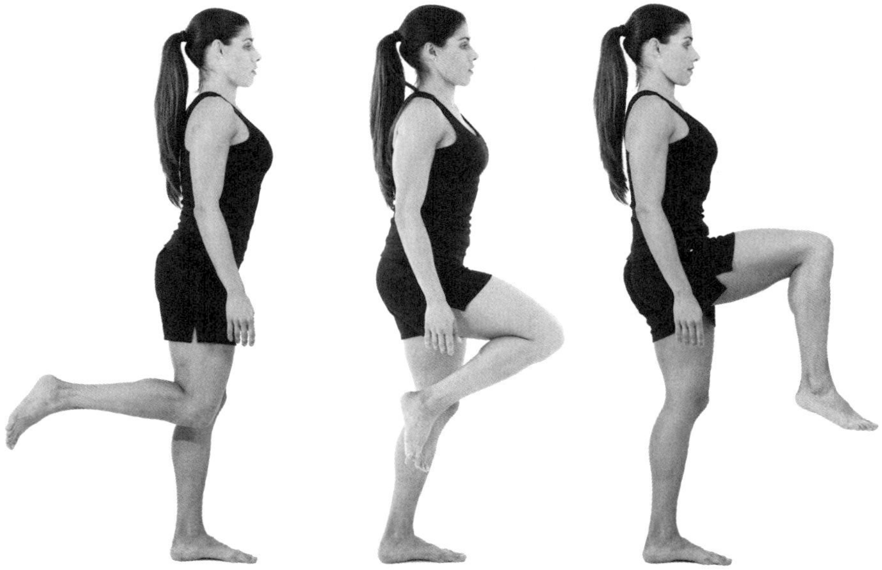

训练

训练部分的目的是增强身体力量并提高协调能力，从而能够完成姿势跑法的关键跑姿。在能够熟练做出关键跑姿和轻松完成上面3项练习之前，不要开始第三课的学习。

① 填写跑步日志中的“注意力的准备”部分。

② 重复完成3次关键跑姿的静态练习，将注意力集中在动作的关键点：支撑脚的跖球部以及微曲的各个关节。审视从头到脚各关键部位的相对位置，培养对关键跑姿的知觉感受。尽管练习的是固定动作，但也要做出开始下一个动作（落下）的姿势。

③ 慢跑一两分钟，尝试在每步着地后身体成姿势跑法的关键跑姿。

④ 力量训练：每个动作重复做8组。

⑤ 填写跑步日志中的“训练小结”部分，并回答如下问题：你对关键跑姿是如何理解的？它和双脚站立姿势有什么不同？你是否要尽最大努力才能保持正确姿势和维持身体平衡？当做转换重心练习和固定姿势练习时，你对哪些肌肉能够操控自如，而对哪些肌肉又有些感到力不从心？你认为自己还有哪些地方需要改进？

THE
RUNNING
REVOLUTION
11

第三课

·落下·

不管听上去多么不着边际，但自然的跑步的确是身体的自由落下。在跑步时，你的身体一次又一次地落下，又一次一次地被你终止。正是这种有控制的落下利用了重力作用，从而驱动你的身体不断前进。

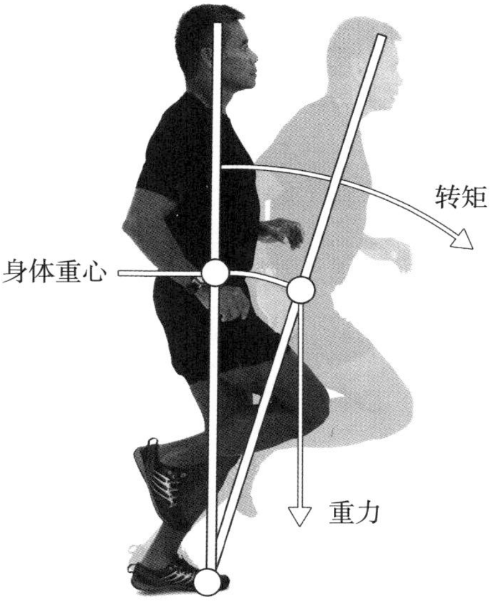

重力对你的每一个动作都施加着影响。你在每次跳跃时都能体会到重力的存在，就像一个落下的皮球，你的身体也会被垂直作用的重力重新拉回地面。当你的身体向前倾斜时，重力这个向下的矢量就会作用于身体，产生一个向前的力矩，这就是姿势跑法的核心观念。

当你的臀部，即身体重心围

绕着你的脚，也就是转动的轴心运动时，就会产生重力力矩。想象一下，当你从中间推一个静止于地面的保龄球瓶时，在某一瞬间，保龄球瓶的重心会转移到其支撑面之外，这时它就会向前倒下。造成倒下的原因不是你的推力，而是向下的重力作用于保龄球瓶的重心形成的。因此，有效利用身体重力力矩的能力正是快速、高效跑步的关键。

姿势跑法的这个结论与跑步的传统观念是相互矛盾的。一般认为，在跑步的驱动阶段，支撑腿的主动伸展和摆动腿的提膝前摆是身体快速位移的动力来源。

宾夕法尼亚州州立大学的一组研究人员在 1990 年也遇到了同样的问题。他们通过肌电传感器观测人体跑步时的肌肉活动，最终得出的结论是：腿部的伸展肌群，即股四头肌在跑步的驱动阶段并不活跃。这个被认为在支撑腿蹬离地面阶段最为活跃的肌群，此时却处于休止状态，这

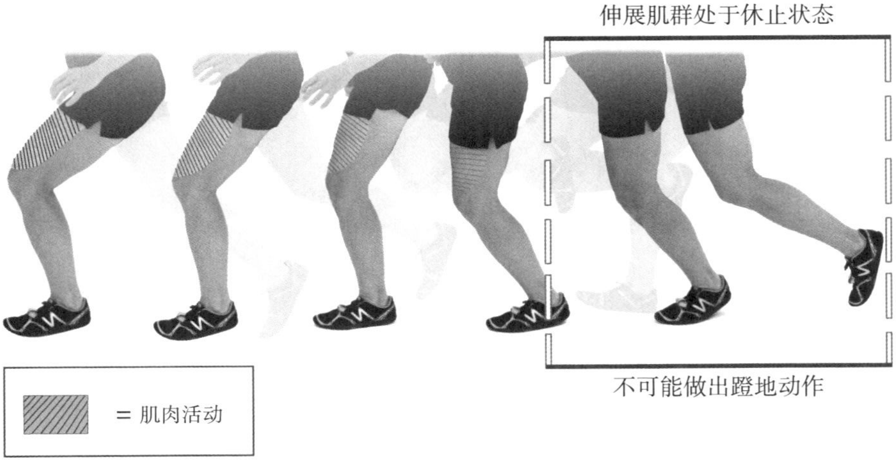

伸展肌的矛盾机制实验

让研究者大为不解。这个无可争辩的结论并不符合利用腿部蹬地跑步这个公认的跑步动力机制。因此，当时这个研究结果被称为伸展肌的矛盾机制，也正是这个矛盾机制困扰了体育科研人员和教练 20 多年。

这个结论对于我本人和姿势跑法的学员来讲并未造成任何困惑。正相反，这个研究恰恰印证了我的理论：重力是跑步中最有效、最强大的前驱力。依据这个理论，在身体呈关键跑姿继续向前落下，进而失去平衡的一瞬间，身体自身阻止了股四头肌的主动收缩，而通过重力和倾斜的身体间的相互作用产生力矩，从而变成了驱动身体前进的动力。

落下阶段

技术动作：如何落下

正确完成落下动作并不容易，必须完全放弃支撑腿用力蹬地这一习惯性的跑步动作。在做准备活动的时候，思考一下你跑步时各部位肌肉习惯的运动模式。在做拉伸练习时，想象这些肌肉是如何参与跑步动作的。下面你将学到的就是一个全新的替代习惯动作的跑步方法。

① 呈弹性站姿。

② 保持弹性站姿，以前脚掌为支点开始向前落下，使臀部（身体重心）的垂直位置超过支撑脚的跖球部（这是关键跑姿的重力支撑点）。这将是你失去身体重心的临界点，一旦超过这个临界点，支撑脚的脚跟就会抬离地面，身体也因失去平衡而向前倾倒。将注意力集中在阻止身体继续向前落下、维持身体平衡的肌肉上，然后让身体在重力的作用下作为一个整体继续向前倾。

自由落下呈关键跑姿

自由落下呈关键跑姿并转换支撑脚

③ 随着重力的逐渐发挥作用，你面临两个选择：一个是放任身体继续向前落下而摔倒；另一个是向前迈步，防止摔倒。我的建议是向前迈一步。

④ 身体呈关键跑姿，重复上述步骤。向前落下时要保持关键跑姿，将身体作为一个整体向前倾斜落下，最终使重心超过支撑点（支撑脚的跖球部）。在此过程中，要集中精力感知身体重心的变化。

练习：落下练习

该练习的目的是增强你的知觉能力。要放弃通过收缩肌肉获得跑步动力的观念，接受重力作用理论。

|弹性站姿落下练习|

① 距墙 1 米左右面对墙站立，身体呈弹性站姿。

② 身体准备向前落下。

③ 前倾使身体落下，让臀部超过身体重心支撑点（脚的跖球部），向前落下时身体要维持弹性站姿，保持踝关节的放松。

④ 身体接近墙面时，双手推墙阻止身体继续落下。手触墙时要保持臀部的稳定，臀部应与上身同时停止运动。

⑤ 重复上述步骤，直到你可以轻松地完成动作为止。

关键跑姿落下练习

① 距墙 1 米左右面对墙站立，身体呈关键跑姿。

② 身体准备向前落下。

③ 前倾使身体落下，让臀部超过身体重心支撑点（脚的跖球部），向前落下时身体要维持关键跑姿，保持支撑脚踝关节的放松。

④ 身体接近墙面时，双手推墙阻止身体继续落下。要注意手触墙后，臀部应与上身同时停止运动。

⑤ 变换支撑腿重复上述动作。

落下转换支撑练习

① 身体呈关键跑姿。

② 让身体像被伐倒的树一样向前倾倒落下，落下时身体维持关键跑姿，保持支撑脚踝关节的放松。

③ 保持臀部和支撑点的相对位置继续向前落下，在身体失去平衡的瞬间悬空腿向前迈出一步，用前脚掌着地阻止身体继续落下，悬空脚落地后于身体，不应继续前移。

④ 顺势提起另一条腿，使身体再次呈关键跑姿。

⑤ 变换支撑腿重复上述动作。

训练

第三课的训练部分是让你找到落下时的身体感觉。坚持不懈地训练是成功的关键，因此，在今后每一课的训练部分中，除了要完成当节课的练习，还有一些针对之前学过的动作的巩固性练习。

① 填写跑步日志中的“注意力的准备”部分。

② 将第一课中身体重心知觉练习部分的弹性站姿、原地跑步和关键跑姿 3 个练习各做一遍。

③ 第二课中关键跑姿的静态练习做 3 组（两腿轮换一次为一组，每次保持 20 秒）。

④ 本课中的弹性站姿落下练习和关键跑姿落下练习各做 3 组（两腿轮换一次为一组），可逐渐增加身体与墙壁之间的距离，以增加练习难度。

⑤ 本课中的落下转换支撑练习做 3 组（两腿轮换一次为一组）。

⑥ 慢跑一两分钟，尽量在每步落地时身体呈关键跑姿。跑步时要有意

识地控制身体姿态，使身体自然地过渡到前倾阶段。

⑦ 力量训练：每个动作做 8 组。

⑧ 填写跑步日志中的“训练小结”部分。写下你对姿势跑法落下动作的理解，并回答如下问题：从身体开始落下到悬空脚接触地面的过程中，你的身体是否保持了关键跑姿？你是否用前脚掌着地？你是否认为落下是导致前脚掌着地的真正原因？你认为自己有哪些地方还需要改进？

THE
RUNNING
REVOLUTION

12

第四课

·上拉·

这节课将涉及跑步的腾空阶段。在跑步的腾空阶段，双脚同时脱离地面，这是跑步和步行的根本区别。传统理论认为，只有通过腿部的主动蹬伸才能使身体向前腾空，而我一贯的观点与其正好相反。自然的跑步方法是在落下结束时，于领先脚落地之前，主动上提支撑腿，使身体进入腾空。跑者通过上拉、落地呈关键跑姿、落下、再度上拉的重复动作，使身体不断前移。每一个关键跑姿都是通过上拉动作完

成的。

身体进入腾空阶段是通过不同机制共同作用完成的。首先是弹力或压缩效应，这是通过肩部、手臂和腿部摆动时的重力抵消作用产生的。其次，由于身体落下时重心不断前移，支撑脚上的压力逐步消失，使其更容易脱离地面。

技术动作：上拉

上拉就是将支撑脚直接抬离地面置于臀部下方的动作，这个动作是在悬空腿向前摆超过支撑腿时完成的。跑者通过上拉提腿使双脚同时脱离地面，身体进入腾空阶段。

上拉的基本动作要领如下：

① 单腿支撑呈关键跑姿，脚部保持自然放松，不要勾脚，也不要绷脚，将其置于臀部的正下方。

② 身体落下，注意在向前落下的过程中保持关键跑姿，悬空脚自然前摆落地。

练习：转换支撑练习

在跑步过程中，迈步、支撑腿的转换是在重力和冲力共同的作用下完成的，这个练习要求在站立状态完成支撑腿的转换，因此有一定难度。该练习的目的是加强运动知觉能力和肌肉协调能力。尽管只是原地练习，但对在跑步过程中的转换支撑还是大有帮助的。如果你开始练习时按要求完成动作有困难，可在动作开始前略微弯曲支撑腿，在支撑腿的关节和肌肉承担一定负荷的状态下开始动作，这样会更容易发力提腿。先以一条

腿为支撑腿练习，然后换另一条腿。要控制好体态，用前脚掌落地。

① 左腿支撑呈关键跑姿，集中精力在右脚落地前，将支撑脚从地面上拉到臀部下方这个动作过程。

② 在身体前倾落下的同时右腿向前摆动。

③ 在右脚前摆超过左腿的同时，将左脚提到臀部下方，这个动作应在右脚落地之前完成。在身体腾空时，将体重转移到即将落地的右腿上。在转换支撑的过程中，适当提肩会对支撑腿离开地面有所帮助。

④ 右脚应在没有任何肌肉主动用力的情况下，自然地用前脚掌落地，完成支撑腿的转换。落地后身体呈关键跑姿。

⑤ 重复上述动作：右腿支撑呈关键跑姿，身体前倾落下，提右脚到臀下，左脚用前脚掌落地转换支撑腿，身体呈关键跑姿。

训练

① 填写跑步日志中的“注意力的准备”部分。

② 将第一课中身体重心知觉练习部分的弹性站姿、原地跑步和关键跑姿 3 个练习各做一遍。

③ 第二课中关键跑姿的静态练习做 3 组（两腿轮换一次为一组，每次保持 20 秒）。

④ 第三课中的弹性站姿落下练习和关键跑姿落下练习各做 3 组（两腿轮换一次为一组），可逐渐增加身体与墙壁之间的距离，以增加练习难度。

⑤ 第三课中的落下转换支撑练习做 3 组（两腿轮换一次为一组）。为增

强练习效果，可将悬空脚分别放在支撑腿的踝关节、小腿中部和膝关节等不同高度进行练习。

⑥ 本课中的转换支撑练习做 10 组，每组间隔 30 秒。

⑦ 慢跑一两分钟，将注意力集中在提腿动作上，感受这个全新的动作模式。

⑧ 力量训练：每个动作增加到 10 组。

⑨ 填写跑步日志中的“训练小结”部分，写下练习姿势跑法的上拉动作的心得，并回答如下问题：你是不是在悬空腿落地之前完成了支撑腿的上提动作？在悬空腿的落地过程中是否有肌肉的主动参与（应该由重力完成这个动作）？你是如何在站立状态完成支撑腿的转换的？你认为自己有哪些地方还需要改进？

THE
RUNNING
REVOLUTION

13

第五课

·跑步的完整动作·

以前，每当你打算出去跑步时，你也许会考虑去什么地方跑、跑多远和用多快的速度，然后在跑步时不是想着与跑步无关的事情，就是一边跑一边听着音乐。我在书中早就说过，为了更好地掌握新的跑步技术，跑步时你应该把全部注意力集中在跑步上。在这一课中，你将了解在跑步过程中应该一直将注意力集中在跑步的哪些方面。

跑步动作解析

传统上，英国著名田径教练杰弗里·戴森将一个完整的跑步单步循环划分为支撑、驱动和恢复 3 个阶段。而姿势跑法却认为它是由关键跑姿、落下和上拉这 3 个基本动作构成的。在之前的课程中，你已经逐一学习了这 3 个动作的技术要领，现在就将它们连贯起来，形成完整的跑步动作。

下图逐帧展现了一个单腿动作周期的各个动作环节，它包括必要环节和可变效率环节。必要环节是跑步过程中的必要动作过程，而可变效率环节是许多人跑步时做出的效率可变的动作过程。

脚跟着地　脚中部着地　前脚掌着地　趴地

关键跑姿　落下　提膝　蹬离　上拉

① 脚跟着地。你当然可以脚跟着地，但这不是最佳的着地方式。脚跟着地容易造成落地足内翻或外翻，踝关节、膝关节和髋关节的紧张以及支撑时间过长。因此，出于不同的原因，脚跟着地可能会造成各种运动损伤。

② 脚中部着地。如果你真能做到传说中的脚中部着地，当然会比脚跟着地好一些。但是着地点还是在你的身体之前，从而容易造成膝关节负荷过大和对身体动能的刹车效应。

③ 前脚掌着地。这是姿势跑法的完美着地方式。以这种方式落地时，冲击力不是集中在锁死的关节部位，而是被肌肉和肌腱所分散，结果是减少了支撑时间，更好地利用了腿部的弹力效应。

④ 趴地（paw back）。趴地这个概念从短跑中来。从力学角度看，奔跑中着地脚向后趴地的速度不可能大于身体向前移动的速度，而且这样做也容易造成身体损伤。

⑤ 关键跑姿。不论技术如何，在跑步的某一过程中，身体一定会呈关键跑姿，这时最好由支撑脚的前脚掌接触地面。

⑥ 落下。无论是浪费体能主动蹬离地面，还是利用重力作用完成落下过程，落下都是另一个可变效率环节。理想的做法是，利用重力作用向前倾倒，向前移动身体。

⑦ 提膝。尽管许多教练提倡通过主动提膝以获得向前的最大动能，但实际上这个向前的用力动作会造成身体重心运动速度的补偿性下降、髋屈肌的过度紧张和体能的浪费。

⑧ 蹬离。和提膝动作一样，蹬离地面这个动作浪费了体能，加大了身体重心的起伏，而产生的向前动力却非常有限。此外，踝关节周围参与蹬离动作的肌肉属于收缩速度最慢的肌肉。

⑨ 上拉。上拉是另一个所有跑者都要做的必要动作，适时、正确的上拉动作是使你跑得更长、更快的秘籍。

技术动作：整合3个基本姿态

为了将关键跑姿、落下和上拉这 3 个基本姿态整合为一个连贯、高效的跑步动作，需要不断提高你的知觉能力。不要期望现在就能将动作做得完美无缺，旧的习惯性动作不会立即消失，在掌握新的跑步技术的过程中感到一些困惑或怀疑是很正常的事。让我们回到本书最开始提到的3个基本姿势，下图呈现的就是一个单腿动作周期的动作过程，请仔细观看并牢牢地记住它们。

1. 脚掌刚落地　2. 呈关键跑姿　3. 当身体开始落下时，支撑脚脚跟离开地面　4. 当摆动脚超过支撑腿并上拉后腿时，落下过程结束　5. 腾空阶段

练习：跑步的身心协调练习

① 根据身体条件跑步 30 ～ 60 秒。

② 步行 60 秒后尝试回答如下问题：

◎当我的身体呈关键跑姿时是什么感觉？我的前脚掌是否感到了来自地面的力量？摆动脚是否正位于臀部的下方？

◎身体在落下的过程中是什么感觉？我的踝关节是否感到紧张？感到落下的同时是否注意到身体正在轻松地向前移动？在落下的过程中，是否感觉身体像一个球一样向前自然滚动？

◎在做上拉动作时，我的感觉是什么？在另一只脚落地之前，我是否感到摆动脚被直接提到了臀部的下方？

③ 如果在练习这 3 个基本姿态时有任何疑惑，请复习一下与之对应的练习。

④ 立即进行 30 秒跑步。

⑤ 在跑步日志的“重新审视”部分中，着重记下你跑步时的感觉。

◎在跑步的某一时刻你是否感到轻盈和省力？
◎是否在跑步过程中的某几步感觉自己的技术动作是正确的？
◎在用正确方法跑步时，你的感觉是什么？
◎当你试图保持正确姿势时，你的感觉是什么？

训练

从这节课开始，训练的强度和时间有所增加，为避免损伤和训练过度，需要注意下面几点：

第一，训练的目的是掌握正确的技术动作，不是出成绩。每个人的起点不一样，只要努力去做就好。第二，要记住，在心理上养成新的习惯需要时间，在你不知道如何去做的时候，最好继续做相关的技术练习。如果在跑步时实在做不出正确的技术动作，先长时间步行，集中注意力思考技术动作，然后再重新开始跑步练习。第三，也是最重要的，如果你感到疲劳，休息一段时间，直到完全恢复。如果你感觉训练给身体造成了伤害，立即停止训练。

① 填写跑步日志中的“注意力的准备”部分。回想一下姿势跑法的 3 个基本姿态，简单写下你将如何将它们运用在你的跑步当中。

② 将第一课中身体重心知觉练习部分的弹性站姿、原地跑步和关键跑

姿 3 个练习各做一遍。

③ 第二课中关键跑姿的静态练习做 3 组（两腿轮换一次为一组，每次保持 20 秒）。

④ 第三课中的弹性站姿落下练习和关键跑姿落下练习各做 3 组（两腿轮换一次为一组），可逐渐增加身体与墙壁之间的距离，以增加练习难度。

⑤ 第三课中的落下转换支撑练习做 3 组（两腿轮换一次为一组）。为增强练习效果，可将悬空脚分别放在支撑腿的踝关节、小腿中部和膝关节等不同高度进行练习。

⑥ 第四课中的转换支撑练习做 10 组，每组间隔 30 秒。

⑦ 完成本课中跑步的身心协调练习，进行 10 组由 30 ～ 60 秒跑步与 60 秒步行构成的交叉练习，总用时 10 分钟。

⑧ 力量训练：每个动作做 10 组。

⑨ 填写跑步日志中的“训练小结”部分，写下你对将关键跑姿、落下和上拉运用到跑步中的体验，并回答下列问题：在跑步时你是否感到疲劳或疼痛？你是否能够做到精力集中？在你遇到的挫折中是否有积极的一面？在这节课中你的收获是什么？你对后面的学习有什么期待？

THE RUNNING REVOLUTION

14

第六课

·跟腱·

不要理会“跟腱非常容易受伤”这样的说法。“跟腱”应该是一个美好的词汇，不应该和“担忧”联系在一起。跟腱并不脆弱，它的主要功用不是在跑步的驱动阶段帮助脚部蹬离地面——如果你真的这样做了，那你离患跟腱炎就不远了。

事实上，跟腱是人体中最大、最坚韧的肌腱，它的主要功能是吸收落地的冲击力，然后将其释放，驱动身体向前运动。这个又长又富有弹性的人体组织连接着小腿后部的肌肉和跟骨，随着我们跑出的每一步，它都在吸收和释放着能量。如果动作正确，在我们的有生之年，它不会出现任何问题。

在这节课中，你将了解跟腱与前脚掌落地之间的关系，以及跟腱在人体利用地面反作用力（Ground Reaction Force, GRF）这一运动生物力学现象时所起的重要作用。

地面反作用力是脚与地面接触时由地面产生的，与脚的作用力大小相等、方向相反的力量。这就是牛顿第三定律在跑步中的运用：任何一个作用力都会产生一个与之方向相反、大小相等的反作用力。落地的角度越大，产生的反作用力也就越大。

当脚与地面接触时，肌肉和肌腱就像拉弓一样被拉长，在这个过程中吸收了地面反作用力，然后肌肉和肌腱又通过回弹收缩，像射箭一样将所储存的动能释放到运动当中。这个由肌肉、肌腱和其他韧带组织构成的弹力系统更像汽车的弹簧避震系统，而肌腱在这个系统中起着至关重要的作用。

上述所有这些只有在用前脚掌着地时才会发生。如果你用脚跟着地，不但不能充分利用这一绝妙的人体结构，还会由于脚跟和前脚掌受到双倍的冲击力而使身体受到伤害。用脚跟着地，就像把我们的身体当作锤子一样敲击地面，使身体的全部冲击力瞬间集中在脚跟，非常容易造成运动损伤。而前脚掌着地可以将落地的冲击力相对缓慢地吸收，然后又像短跑动作那样，将吸收的动能释放到下一步的跑步动作当中。

下图中左图呈现的就是脚跟着地的地面冲击力变化过程，图中尖锐的峰值就是脚跟着地的瞬间产生的；右图显示的比较柔和、平滑的冲击力曲线就是前脚掌着地时形成的。

在运动科学里，肌肉－肌腱的弹力机制也叫牵张－收缩循环（stretch-shortening cycle），当肌肉－肌腱的弹力机制有效地利用地面反作用力时，可节省 50% 的运动能量。因此，当控制好步幅，避免脚跟着地时，你会在消耗更少能量的同时取得更好的成绩。

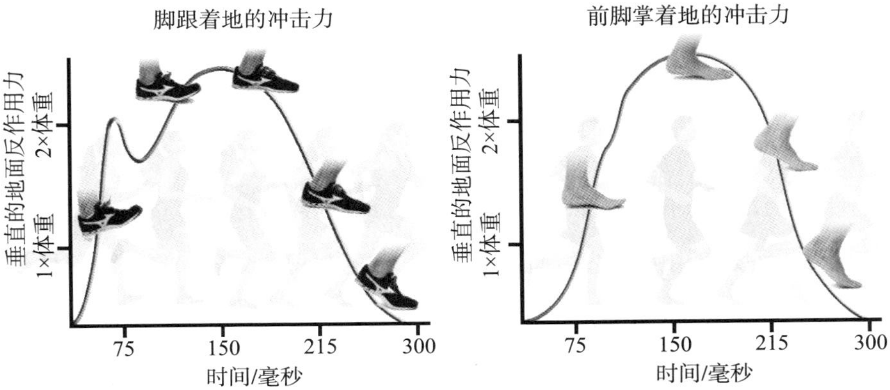

技术动作：再谈前脚掌着地

在第一课中我们已经讲过，为了着地后身体呈姿势跑法的关键跑姿，你应该用前脚掌着地，着地时踝关节应该在臀部正下方。着地脚不应远远伸到身体之前用脚跟着地。为充分利用地面反作用力和以跟腱为核心的肌肉－肌腱的弹力机制，有必要进一步完善你的前脚掌着地技术。

最重要的是，你一定要牢记，前脚掌着地是身体前倾落下的结果，而不是脚部主动接触地面的过程。仅仅以前脚掌代替脚跟主动下踏接触地面并不能减少受伤的概率，也不能使身体处在最佳的跑步姿态。这在赤足跑和穿极简鞋跑步的人群当中是个常见的错误，因为他们错误地认为，只要用前脚掌着地，所有的问题就会迎刃而解。

另外一个确保你的落地脚是“着地”，而不是“踏地”的技巧是，不要完全伸展开身体的关节。如果落地后身体呈姿势跑法的关键跑姿，你的支撑腿、身体和头部会呈“S”形，在这种情况下，着地脚很难在超出身体很远的位置着地。

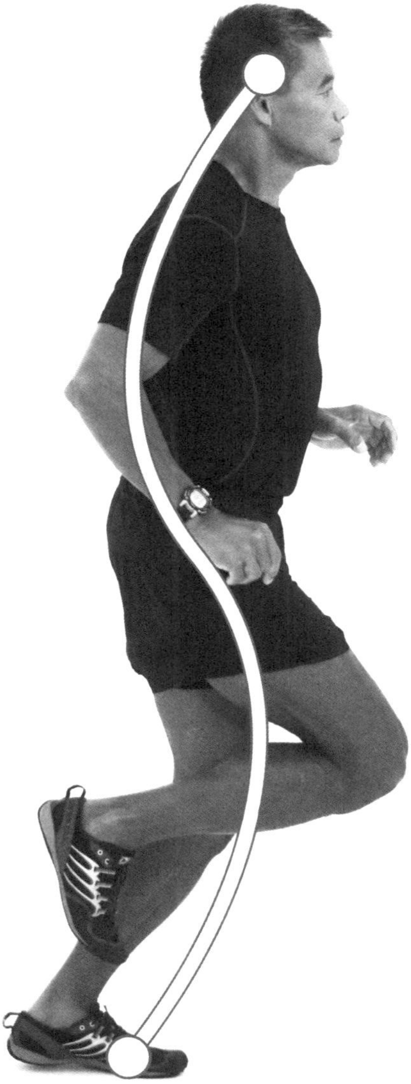

当脚落地时，与地面的接触应该迅速而安静。跟腱在通过自身的伸张吸收地面反作用力的过程中，脚跟也应该同时落下，并轻微地接触地面。当跟腱开始通过回缩变短并释放能量帮助支撑脚脱离地面时，你的大部分体重还应集中在支撑脚的跖球部。

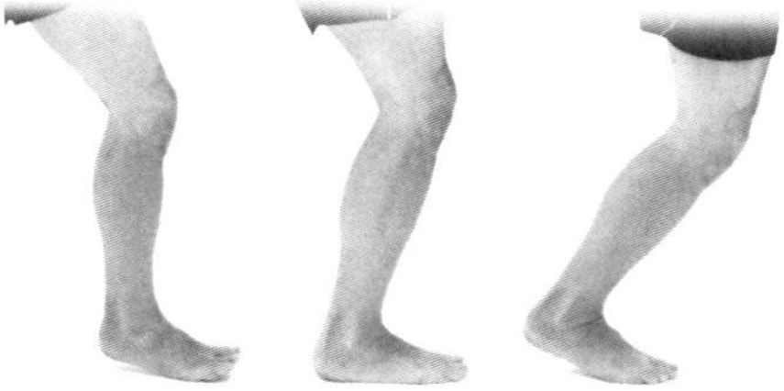

支撑脚在落地、支撑和离地时的姿态

THE RUNNING REVOLUTION
HOW TO RUN FASTER,FARTHER,AND INJURY-FREE—FOR LIFE

注意力的准备：寻找我的最佳状态

在学习这些课程的过程中，我一直在努力寻找自己的最佳状态，即准确的着地动作和完美的身体姿态。在着地时，我感到脚和身体结合在一起，像弹簧一样吸收来自地面的冲击力，然后又将这个能量重新释放到运动当中。

每当在这种状态时，我知道自己最有效地利用了牛顿第三定律——任何一个作用力都存在一个与之大小相等、方向相反的反作用力。对我来讲，这才是真正的跑步，它通过改进技术动作，使跑步变得更加轻松，并让身体不受伤害。

练习：前向定点跳跃练习

这个练习的目的是加强对身体前倾状态的感知，以及利用地面反作用力维持身体的平衡。

① 身体呈弹性站姿。

② 将臀部（身体重心）前移超过你的身体支撑点（你的脚部），使身体向前倾斜。

③ 向前跳起以重新获得身体平衡。注意，不要用脚趾主动蹬离地面或主动收缩小腿肌肉。这个跳跃动作和立定跳远不同，不是尽量向前跳跃。跳跃动作的向前动力是由身体的前倾和在跳跃过程中的耸肩动作的协助下产生的。跳跃前身体向前倾斜的角度越大，跳出的水

平距离就越远。

④ 用着地脚的跖球部着地，着地后，脚后跟顺势落下，轻微接触地面。

⑤ 向前连续跳跃一段距离，跳跃时一定要在身体重量落在脚的跖球部以后，再开始下一个跳跃动作。

训练

① 填写跑步日志中的“注意力的准备”部分。

② 将第一课中身体重心知觉练习部分的弹性站姿、原地跑步和关键跑姿 3 个练习各做一遍。

③ 第二课中关键跑姿的静态练习做 3 组（两腿轮换一次为一组，每次保持 20 秒）。

④ 第三课中的弹性站姿落下练习和关键跑姿落下练习各做 3 组（两腿轮换一次为一组），可逐渐增加身体与墙壁之间的距离，以增加练习难度。

⑤ 第三课中的落下转换支撑练习做 3 组（两腿轮换一次为一组）。为增强练习效果，可将悬空脚分别放在支撑腿的踝关节、小腿中部和膝关节等不同高度进行练习。

⑥ 第四课中的转换支撑练习做 10 组，每组间隔 30 秒。

⑦ 本课中的前向定点跳跃练习连续做 10 ～ 20 次。

⑧ 进行大约 10 分钟的 60 秒跑步与 60 秒步行组成的交叉练习。做一遍第五课跑步的身心协调练习。练习时，注意感受身体呈关键跑姿时跟腱是否吸收了地面反作用力，而后又将其释放驱动身体向前运动。

⑨ 力量训练：每个动作做 10 组。

⑩ 填写跑步日志中的“训练小结”部分，写下你对跑步时地面反作用力作用于你的前脚掌、跟腱和身体的其他部位时的感觉和认知。重新梳理一下在练习时你感到困惑的地方。当你做跳跃练习时起跳的一瞬间，是否将臀部（身体重心）前移超过身体的支撑点？向前的动力是否来自身体的落下？起跳前加大身体的前倾角度感觉如何？你是否一直用脚的跖球部位着地，然后顺势脚后跟轻触地面？你认为自己有哪些地方还需要改进？

THE RUNNING REVOLUTION

15

第七课

·再论关键跑姿·

在这节课中，你将学到如何在运动中正确完成姿势跑法的关键跑姿，如何将肩部和手臂的动作与身体其他部分的运动协调一致，以及如何在不同的跑速下正确地完成关键跑姿。

首先，我们说一下有关跑步姿势的另一个长期流行的观念：通过摆臂可以加快跑步速度。传统教练要求跑者的肩部保持下垂并挺胸，摆臂动作的作用是提高跑步速度。而姿势跑法认为，跑步时肩部应该保持放松，并随着腿部动作适当起伏，以缓解身体重力作用的影响，而摆臂的作用仅仅是为腿部的动作提供平衡。

让我们把一个跑者的身体看作一个独立的力学系统。在这个系统中，能量不断从腿部通过躯干流向手臂。这种能量的流动也叫能量传输，对维持身体平衡起着关键作用。在这星期练习的准备活动部分，将跳跃练习的次数从 10 个增加到 15 个。在练习时，要特别注意观察手臂、躯干和腿部是如何相互作用的。

这个被看作机械系统的人体在向前运动时，动作始于身体的前倾，然后迅速地在两腿之间转换支撑。作为本能反应，在支撑腿离开地面时，对侧的肩部会有一个轻微转动，这个转动可以帮助你维持身体平衡。在肩部转动的同时，同侧的手臂也会做出相应的动作。

在这个连续的动作过程中，手臂处于动作环节的末端。如果将动作系统划分等级，就意味着手臂的运动是最小的。但这并不表示它们不重要，前提是手臂一定要和身体协调一致地运动。一旦手臂动作大于实际需要，就会造成动作效率的降低和动作效果的破坏。

手臂的运动应该配合腿部和躯干的运动。为维持身体平衡，手臂动作应随时根据腿部和躯干的运动状态做出适当的改变。例如，当你忽然开始在凹凸不平的山路上奔跑时，手臂的运动马上会自动做出相应的调整，以维持身体平衡，保持最合理的身体姿态。除非在上述情况下，你的手臂应该处在一个随时准备做出动作调整的状态，以尽可能小的运动幅度帮助身体维持正确的姿态和平衡。

这明确地表明，你不应该以高过腿部动作的动作频率，把手臂挥到身体之前，甚至以高达肩部的夸张动作用力摆臂。这样做会与躯干产生负面的互动，使其产生不必要的运动。同时，也不要让你的双臂悬垂在身体两侧。正确的方法是，让你的手臂作为腿部动作的平衡支持与腿部做相向运动。双臂的运动应该根据跑步速度和腿部动作做出适当调整，摆臂动作应该既自然又有节奏。

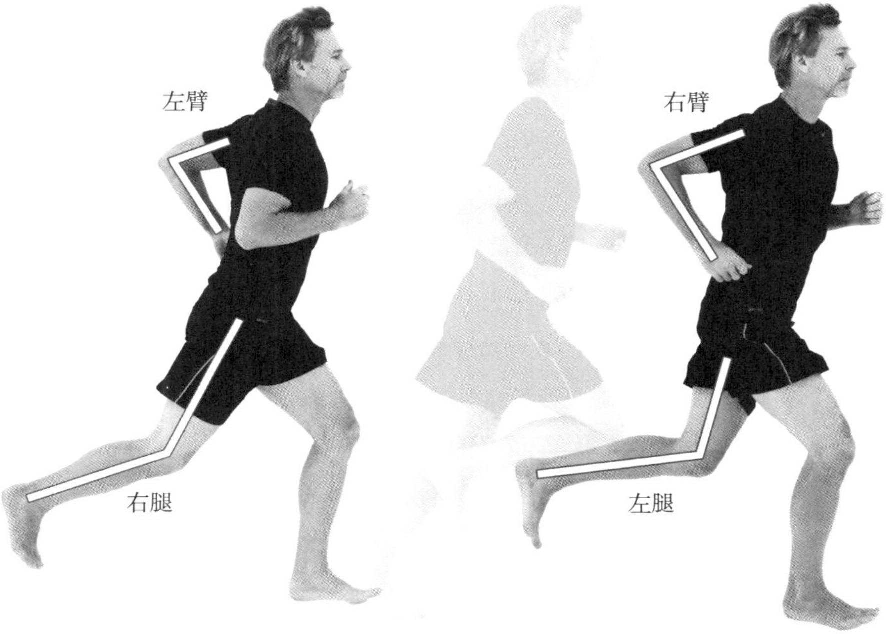

自然且有节奏的摆臂动作

技术动作：保持正确的关键跑姿

为使身体在每一步落地时都呈关键跑姿，你应该对摆臂动作的平衡作用有明确的感知，使躯干保持直立。在将整个身体呈“S”形的同时，将注意力集中在腿部前摆和落地的动作上，每一步都要在臀部下方用前脚掌着地。在意念上，你要使身体始终处在一个向前倾倒的预备状态。

练习：运动中的转换支撑练习

在第四课中练习了转换支撑动作，现在练习如何在运动中转换支撑。

① 以右腿为支撑，身体呈关键跑姿。

② 在将注意力集中在转换支撑动作的同时开始向前移动臀部。

③ 身体向前倾，将臀部向前移动，使其超过身体重心的支撑点（脚的跖球部）。

④ 在将右腿上拉到臀部下方的同时，提肩以缓解身体的重力作用，此时侧看双腿呈数字“4”的形状。

⑤ 用左脚的前脚掌着地，在将脚跟落下轻触地面再抬起的过程中，肌肉-肌腱的弹力机制通过伸展和回弹完成能量的吸收和释放。此时，臀部应处在支撑脚的正上方，左腿弯曲与身体呈“S”形。

⑥ 一旦你的全部体重集中于左脚的跖球部，马上前倾身体，将身体重心前移超过支撑脚的位置。

⑦ 将左脚上拉到臀部下方，在将支撑腿换成右腿的过程中，向后摆动右臂，为身体提供平衡。

⑧ 用右脚的前脚掌着地，臀部处于支撑点的上方，右腿弯曲与身体共同呈“S”形。

⑨ 重复身体前倾，转换支撑的动作向前运动身体。

训练

① 填写跑步日志中的“注意力的准备”部分。

② 将第一课中身体重心知觉练习部分的弹性站姿、原地跑步和关键跑姿 3 个练习各做一遍。

③ 第二课中关键跑姿的静态练习做 3 组（两腿轮换一次为一组，每次保持 20 秒）。

④ 第三课中的弹性站姿落下练习和关键跑姿落下练习各做 3 组（两腿轮换一次为一组），可逐渐增加身体与墙壁之间的距离，以增加练习难度。

⑤ 第三课中的落下转换支撑练习做 3 组（两腿轮换一次为一组）。为增强练习效果，可将悬空脚分别放在支撑腿的踝关节、小腿中部和膝关节等不同高度进行练习。

⑥ 第四课中的转换支撑练习做 10 组，每组间隔 30 秒。

⑦ 以 30 ～ 60 秒为间隔，完成 2 组，每组 10 ～ 20 次的前向定点跳跃练习（第六课）。

⑧ 连续完成运动中的转换支撑练习，直至你感到很难保持正确的技术动作或受到空间限制。共重复 5 次，每次的运动距离应不超过 10 米。

⑨ 完成总用时 10 分钟、由 30 ～ 60 秒的跑步与 60 秒的步行组成的交叉练习。练习时，特别注意身体呈关键跑姿时的姿态和转换支撑的动作，进行第五课中跑步的身心协调练习。回答下列问题：当你向

上提肩缓解重力作用时的感觉如何？你是否觉察到手臂的平衡作用可以使躯干保持直立，并在支撑阶段使身体呈“S”形？

⑩ 力量训练：每个动作增加到12组。

⑪ 填写跑步日志中的“训练小结”部分，写下你对身体重心的移动以及支撑脚着地后身体成关键跑姿的理解和感觉。重新梳理一下在练习时你感到困惑的地方。当身体前倾时，支撑脚脚跟是否离开了地面？在跑步过程中身体呈两个连续的关键跑姿之间，你是否感受到了身体的前倾？你是否能觉察到摆动腿在运动过程中的不同位置？在某一时刻，它是否和支撑腿共同呈数字“4”的形状？你认为自己有哪些地方还需要改进？

THE
RUNNING
REVOLUTION

16

第八课

·再论落下·

传统观点认为，跑步的速度取决于蹬地和提膝时肌肉用力的大小。在这节课中，你将了解到另一个与之不同的理念：跑步的速度是由身体的前倾角度决定的，身体的前倾角度越大，跑步速度就越快。

上图显示了人体在慢速跑、中速跑和高速冲刺 3 个不同速度下的运动状态，展现了速度和前倾角度之间的关系。计算身体的前倾角度时，我会以跑步者脚的跖球部为顶点，向上垂直于地面画一条直线，再由这个顶点通过髋关节画一条斜线。

尤塞恩·博尔特可以说是世界上跑得最快的人，同时他跑步时的前倾角度也是最大的。在最高跑速时，他的前倾角度是 21.4° 。根据物理定律计算，当身体的前倾角度达到 22.5° 时，已经不可能通过支撑脚的落地动作重新找回身体平衡。即便是尤塞恩·博尔特，以 21.4° 的前倾角度跑步也并非易事。

前倾角度也决定了摆动脚运动时的离地高度，也就是上拉程度。身体的前倾角度越大，摆动脚脚跟越靠近臀部，跑速也就越快。跑百米时，身体的前倾角度最大，摆动腿的动作高度也最高。而慢跑时，身体的前

倾角度会大幅减小，腿的上拉程度也大为降低。

技术动作：跑步中的身体落下

第三课的学习目的是加强对身体落下的知觉能力，因此在那节课学到的落下动作是将身体作为一个整体向前倾，但这并不是跑步的最佳落下方式。实际上，前倾角度是连接支撑脚与髋关节的直线与地面垂直线之间的夹角，这就意味着身体的落下是由腿部的前倾造成的，而前倾只是跑步动作过程中的一个动作环节，而非全部。为方便诠释“落下”这个概念，我把跑步表述为“一个身体不断落下的过程”，但事实上并非完全如此。身体真实的落下过程始于支撑脚脚跟离开地面，直到摆动腿向前运动超过支撑腿时才结束。

THE RUNNING REVOLUTION HOW TO RUN FASTER, FARTHER AND INJURY FREE—FOR LIFE

注意力的准备

看着古希腊花瓶上的跑者图案和迈克尔·约翰逊上身直立的跑姿时，我对自己说，这就是我今天的训练目标：保持上身直立。在跑步时我要时刻提醒自己，通过前移臀部形成身体的落下，而不是像以前练习的那样，整个身体向前倾。这些练习的目的是培养跑步时身体落下的感觉，而不是真正的身体位置的落下。今天的跑前技术练习是：

- 在臀部下方用前脚掌着地，呈关键跑姿。
- 上拉支撑腿呈关键跑姿。

练习：落下的进阶练习

这一练习的目的是优化跑步中前倾阶段的动作。

弹性站姿落下练习 2：腿部前倾练习

① 身体呈弹性站姿。

② 克服畏惧心理，做好落下准备。

③ 保持上身直立，以臀部开始，向墙面倾倒身体。

④ 接近墙面时，双手触墙停止身体运动。

关键跑姿落下练习 2：腿部前倾练习

① 身体呈关键跑姿。

② 做好落下准备。

③ 保持上身直立，通过向前移动臀部超过支撑脚使身体落下。

④ 接近墙面时，双手触墙停止身体运动。

⑤ 换另一条腿重复上述动作。

落下转换支撑练习 2：腿部前倾练习

① 身体呈关键跑姿。

② 保持上身直立，向前倾倒脱离关键跑姿，使臀部位置超过支撑脚。

③ 继续前移臀部，直到你不得不向前迈步以保持身体平衡为止，将悬

空脚落地，身体重新呈关键跑姿。注意，做动作时不要犹豫。

④ 转换支撑腿重复上述练习。

由前倾过渡到跑步的练习

这是第七课中的“运动中的转换支撑练习”的延伸，练习在身体前倾阶段对动作时间的把握和身体姿态的控制能力。

① 左腿支撑呈关键跑姿，悬空腿的踝关节与左膝同高。

② 做好落下准备。

③ 保持上身直立，以臀部开始，向前倾倒身体摆脱关键跑姿。

④ 当摆动脚向前运动超过支撑腿时，上提左腿到臀部，同时上提双肩以提供辅助力量。此时，双腿呈数字“4”的形状。

⑤ 用右脚前脚掌着地，在将脚跟落下轻触地面再抬起的过程中，肌肉-肌腱的弹力系统通过伸展和回弹完成能量的吸收和释放。此时，臀部应处在支撑脚的正上方，右腿弯曲，身体呈“S”形。

⑥ 一旦右脚的跖球部承担全部体重，重新向前倾，不要犹豫。在臀部前移通过支撑点时，保持上身直立状态。

⑦ 重复上述动作，直到重新用练习开始时的支撑脚着地。这是一个完整的复步动作周期。

⑧ 连续完成 3 步、6 次单腿动作。要连贯、精确地完成支撑腿的转换，保持上身直立，双臂要保持放松并为腿部动作提供平衡。

⑨ 由上述技术练习过渡到 10 ～ 20 米的自然跑步。跑动中尽量保持做分解动作练习时的前倾角度。

训练

① 填写跑步日志中的“注意力的准备”部分。

② 将第一课中身体重心知觉练习部分的弹性站姿、原地跑步和关键跑姿 3 个练习各做一遍。

③ 第二课中关键跑姿的静态练习做 3 组（两腿轮换一次为一组，每次保持 20 秒）。

④ 做 5 组弹性站姿落下练习 2 和 5 组关键跑姿落下练习 2（两腿轮换一次为一组）。注意由臀部开始落下，保持上身直立。

⑤ 第三课中的落下转换支撑练习做 3 组（两腿轮换一次为一组）。为增强练习效果，可将悬空脚分别放在支撑腿的踝关节、小腿中部和膝关节等不同高度进行练习。

⑥ 第四课中的转换支撑练习做 10 组，每组间隔 30 秒。

⑦ 以 30 ～ 60 秒为间隔，完成 2 组，每组 10 ～ 20 次的前向定点跳跃练习（第六课）。

⑧ 完成第七课运动中的转换支撑练习，直至你感到很难保持正确的技术动作或受到空间限制。共重复 5 次，每次的运动距离应不超过 10 米。

⑨ 完成总用时 10 分钟、由 30 ～ 60 秒的跑步与 60 秒的步行组成的交叉练习。练习时，要特别注意身体的前倾动作，进行第五课中跑步的身心协调练习。回答下列问题：在腿部前倾的过程中，你的上身是否保持了直立状态？你的落下过程是不是在体重落于支撑脚的跖球部时开始，在摆动脚超过支撑腿的膝关节时结束？

⑩ 力量训练：每个动作做 12 组。

⑪ 填写跑步日志中的“训练小结”部分，写下你对在适当的时机由腿部前倾动作的看法。重新梳理一下你在练习时感到困惑的地方。回答下列问题：在做腿部前倾动作时，你的感觉如何？你是否觉得保持上身直立和在臀部下方着地有着某种关联？你是否感觉到了在不同的速度下身体前倾角度的不同？你认为自己有哪些地方还需要改进？

THE RUNNING REVOLUTION

17

第九课

·再论上拉·

在这节课中，腿部的上拉练习动作将更加有力，你也将学习掌握上拉动作的最佳时机。跑步过程中高效而精确的转换支撑是通过上拉和解除重力作用实现的，而不是靠伸展踝关节主动蹬离地面。我希望你对这一点已经有了充分的认识。

技术动作：上拉的最佳时机

让我们更详细地了解一下跑步的上拉动作和它的最佳时机。在理想状态下，上拉始于落下动作的结束，也就是摆动脚超越支撑腿膝关节的瞬间，不过即便优秀的运动员也并非总能正确地做到这一点。为维持身体平衡而提前着地的动作习惯是非常强的，甚至完全压制了本课致力于培养的动作意念。

练习：上拉的进阶练习

这些练习让你学会通过腘绳肌的收缩，将脚由地面直接拉到臀部下方，从而使身体进入腾空阶段，这时你的双脚会同时离开地面。

|原地单腿点地练习|

① 左腿支撑，身体呈关键跑姿。

② 右脚在臀部下方点击地面后，通过腘绳肌的收缩将右脚重新由地面上拉到臀部下方。在动作过程中左脚要始终与地面接触。

③ 保持关键跑姿，右脚的落下是由前脚掌首先触地，这是一个快速的点击动作。

④ 右脚前脚掌触地后，脚跟顺势落下，轻轻接触地面。

⑤ 重新收缩腘绳肌，将右脚上提到臀部，同时耸肩以抵消一部分重力

作用。在动作过程中要保持股四头肌的放松。右脚的运动轨迹是一条垂直于地面的直线。

⑥ 快速重复上述动作。尽量减少右脚与地面的接触时间，动作节奏是：快速上拉、慢速落下。左脚应自始至终与地面接触。

⑦ 随着动作速度的加快，左脚要随着右脚的每一个上拉和耸肩动作的节奏进行小幅的原地跳跃。注意保持双膝弯曲，右脚着地时始终要以跖球部首先接触地面。

⑧ 变换支撑腿重复上述动作。

移动中单腿点地练习

① 以上述练习为基础，从关键跑姿开始，右脚落在臀部下方，以跖球部首先接触地面，顺势落下，直至脚跟轻轻触地。

② 在耸肩的协助下收缩腘绳肌，迅速将右脚上拉到臀部下方。同样，保持股四头肌的放松。右脚的运动轨迹应该是一条垂直于地面的直线。

③ 身体前倾使臀部超过身体的支撑点，即左脚的跖球部。

④ 保持左腿放松，在臀部下方落右腿，并以右脚的前脚掌点地。同时，左脚在臀部下方迅速向前滑动，滑动停止后，在新的位置作为支撑腿重新支撑体重。

⑤ 重复上述动作，尽量减少右脚与地面接触的时间。

⑥ 随着动作速度的加快，左脚要随着右脚的每一个上拉和耸肩动作的节奏进行小幅的向前跳跃。注意保持双膝弯曲，右脚着地时始终要以跖球部首先接触地面。

⑦ 变换支撑腿重复上述动作。

训练

① 填写跑步日志中的“注意力的准备”部分。

② 将第一课中身体重心知觉练习部分的弹性站姿、原地跑步和关键跑姿 3 个练习各做一遍。

③ 第二课中关键跑姿的静态练习做 3 组（两腿轮换一次为一组，每次保持 20 秒）。

④ 第三课中的弹性站姿落下练习和关键跑姿落下练习各做 3 组（两腿轮换一次为一组），可逐渐增加身体与墙壁之间的距离，以增加练习难度。

⑤ 第三课中的落下转换支撑练习做 3 组（两腿轮换一次为一组）。为增强练习效果，可将悬空脚分别放在支撑腿的踝关节、小腿中部和膝关节等不同高度进行练习。

⑥ 本课中的原地单腿点地练习，连续单腿点地 10 次为一组，双腿交互共做 6 组，组间间隔 10 ～ 15 秒。

⑦ 第四课中的转换支撑练习做 10 组，每组间隔 30 秒。

⑧ 完成 2 组前向定点跳跃练习（第六课），每组 10 ～ 20 次，以 30 ～ 60 秒为间隔。

⑨ 完成第七课运动中的转换支撑练习，直至你感到很难保持正确的技术动作或受到空间限制。共重复 5 次，每次的运动距离应不超过 10 米。

⑩ 本课中的移动中单腿点地练习，连续单腿点地 10 次为一组，双腿交互共做 6 组，组间间隔 10 ～ 15 秒。

⑪ 完成总用时 10 分钟、由 30 ～ 60 秒的跑步与 60 秒的步行组成的交叉练习。练习时，要特别注意身体的上拉动作，进行第五课中跑步的身心协调练习。回答如下问题：每次在做上拉动作时，你是否保持了股四头肌的放松？你是否通过收缩腘绳肌将脚由地面直接上拉到臀部下方？你是否在摆动脚超过支撑腿膝关节的一瞬间开始了你的腾空阶段？

⑫ 力量训练：每个动作做 12 组。

⑬ 填写跑步日志中的“训练小结”部分，写下你对在适当时机收缩腘绳肌完成上拉动作的认识。重新梳理一下你在练习时你感到困惑的地方。回答下列问题：在做单腿点地练习时，落地脚是否快速地弹击地面？在上拉你的踝关节时，你是不是从垂直方向将其拉到臀部？你是如何控制节奏的？你认为自己有哪些地方还需要改进？

THE RUNNING REVOLUTION

18

第十课

·重新跑起来·

在这节课中，你将利用新学到的跑步知识和对跑步的新认识，结合所有的练习内容，进行一次时长为 20 分钟的跑步。通过最后一节课，可以让你顺利过渡到下一个阶段的跑步训练。在跑步之前，我要介绍一个作为此书中所有课程的理论基础的生物力学概念,不管是保持全身呈“S”形，还是避免在身体重心前落地的动作要求，都是依它而来。为了以最佳姿态跑步，我们一定要留意肢体运动的几何限制机制（geometric restraint），即当肢体动作接近相关关节的伸展极限时，动作速度会自然下降。这就让我们避免了过度伸展造成的伤害。

因此当你跑步时，永远不要完全伸直膝关节。支撑结束时，要将支撑脚直接上拉到臀部，不要向后伸展蹬地。在呈关键跑姿时，要保持膝关节的轻微弯曲。这个在跑步中处于主导地位的肢体运动的几何限制机制，使你最大限度地利用了作为跑步动作最佳伴侣的肌肉－肌腱的弹力机制。

技术动作：3个基本姿态的再整合

第十课的技术要求很简单：将姿势跑法的关键跑姿、落下和上拉的技术动作整合在一起，进行一次稍长距离的跑步训练。这是之前掌握的跑步的身心协调练习的延伸，要练习将你的知觉能力平均分散到所有的跑步动作上，而不是某一个单一动作上，在跑步中和短暂的休息时也要这样做。

练习：跑步的想象练习

① “做个白日梦”只需要 4 分钟的时间——可以在睡觉之前、在地铁里、在工作的间歇或在跑步之前。

② 想象自己在以完美的姿势跑法跑步。用你所有的意识呈现这一景象，就像真实地看到、感觉到自己在以理想的姿势跑法跑步。下面是几点提示：

◎在远处看到自己以完美的技术动作奔跑。
◎感觉自己在保持完美平衡的姿势跑法跑姿时，用脚的跖球部着地。
◎听到脚部传来的柔和、短暂的落地声。
◎感受到运动中身体的自由前倾。
◎觉察到通过上拉动作使身体进入腾空状态的确切时刻。

几种不同着地方式的对比

下图就是针对我们讲过的几种不同着地方式做的对比。

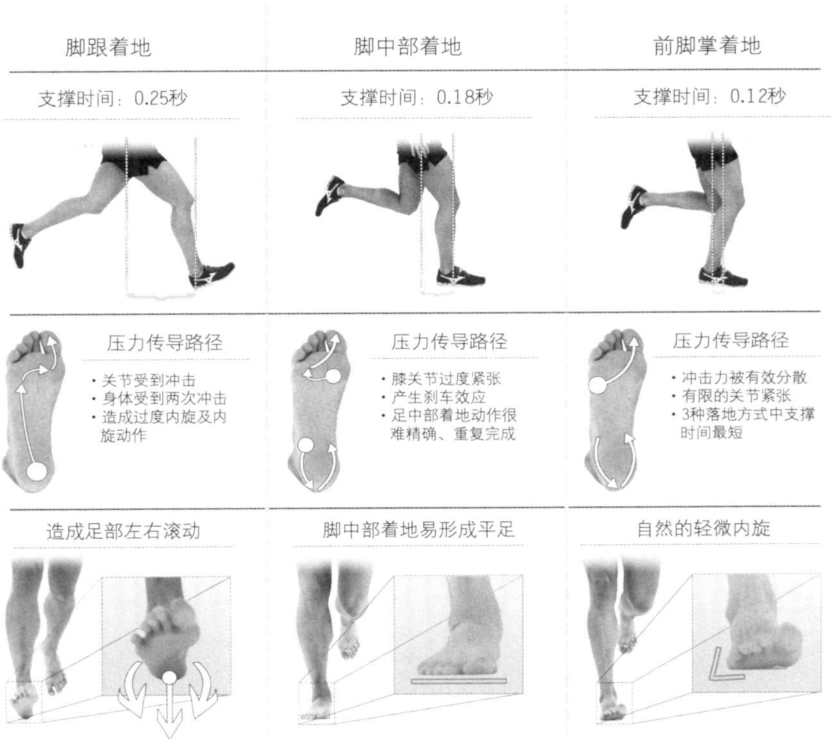

技术动作核查单

这是一个由一系列自我提问组成的主要技术动作核查清单，这个清单并不仅仅供这节课中使用，在你觉得自己的动作出现问题的任何时候都可以拿出来核对一下。一旦发现自己很难感知某个身体姿态，应立刻停下，在进行相关的技术练习后再重新开始跑步。

1. 如何感知关键跑姿？我是否用落地脚的跖球部着地？我是否在支撑脚的跖球部感到了压力？在支撑阶段，我的摆动脚是否位于臀部下方？跑步时我是否能保持身体放松？脚的着地点是否在臀部的正下方？我的膝关节是否始终处于微曲状态以保持肌肉的弹性？我的身体姿态是否与跑速相符？

② 如何感知落下？跑步时我是否感觉到了踝关节的紧张？我是否感觉到了毫不费力的身体前移？我在前倾的过程中是否保持了关键跑姿？我是否能够完全自然地做出关键跑姿？我是否感觉到了身体某个部位的肌肉紧张？我的身体任何部位的动作是否对跑步产生了制动效果？我是否有勇气尝试加大身体前倾的角度？

③ 如何感知上拉？我是否将支撑腿直接上拉到了臀部下方？我如何感觉到了落下阶段的结束？我是否能觉察到开始上拉动作的最佳时机？我是否能根据跑速以恰当的力量完成上拉动作？

训练

① 从今天开始，每天至少做一次 4 分钟想象训练。

② 在跑步日志的“注意力的准备”部分中，描述一下你想象中正确的跑步技术动作，以及如何将这个技术动作运用到自己的跑步当中。

③ 将第一课中身体重心知觉练习部分的弹性站姿、原地跑步和关键跑姿 3 个练习各做一遍。

④ 第二课中关键跑姿的静态练习做 3 组（两腿轮换一次为一组，每次保持 20 秒）。

⑤ 第三课中的弹性站姿落下练习和关键跑姿落下练习各做 3 组（两腿轮换一次为一组），可逐渐增加身体与墙壁之间的距离，以增加练习难度。

⑥ 第三课中的落下转换支撑练习做 3 组（两腿轮换一次为一组）。为增

强练习效果，可将悬空脚分别放在支撑腿的踝关节、小腿中部和膝关节等不同高度进行练习。

⑦ 第四课中的转换支撑练习做 10 组，每组间隔 30 秒。

⑧ 完成 2 组前向定点跳跃练习（第六课），每组 10 ～ 20 次，以 30 ～ 60 秒为间隔。

⑨ 完成第七课运动中的转换支撑练习，直至你感到很难保持正确的技术动作或受到空间限制。共重复 5 次，每次的运动距离应不超过 10 米。

⑩ 完成第九课中的移动中单腿点地练习，连续单腿点地 10 次为一组，双腿交互共做 6 组，组间间隔 10 ～ 15 秒。

⑪ 完成总用时 12 分钟、由 30 ～ 60 秒的跑步与 60 秒的步行组成的交叉练习。复习技术动作核查清单，一旦发现自己很难感知某个身体姿态，立刻停下，进行相关的技术练习后再重新开始跑步。

⑫ 录下你跑步动作的视频。到现在为止，你应该至少有 3 段自己的跑步视频。在后文你将学习如何分析自己的跑步姿势，并将分析结果用于下一阶段的姿势跑法学习当中。

⑬ 力量训练：每个动作从 12 组增加到 15 组。从现在开始，这将是你力量训练的常规内容。

⑭ 填写跑步日志中的“训练小结”部分，写下你对技术动作核查清单的理解。重新梳理一下你在练习时感到困惑的地方。回答下列问题：按照姿势跑法所有的动作要求跑步的感觉如何？目前你最大的挑战是什么？你的跑步技术已经得到了哪些改进？当接下来开始进入实跑训练时，你的目标是什么？

THE RUNNING REVOLUTION

19

结　业

·享受这一刻·

祝贺你已经完成了这10节课的学习。下面你将进入姿势跑法的循环训练阶段的学习。在开始之前，先提醒你一些注意事项和易犯的错误。

要有耐心，练习要循序渐进。你也许会感到肌肉酸痛，因为你在用新的肌肉学习新的运动模式，这就是为什么质量总是比数量重要。多做一些核心肌群的练习和跳跃练习可以帮助你完成这个过渡。最重要的是持之以恒，每个星期至少要有3次训练。

步频、步频，还是步频。保持高步频，不要担心步长。你的步长是不会变的，试图加大你的步长只不过是拔苗助长。如果你把所有动作都做正确，你的步长自然就是你的最佳步长。

节奏轻快地跑。落地的声音要轻，这说明你是在用你的前脚掌着地，而且合理地利用了你的肌肉–肌腱的弹力机制。如果你落地的声音像是重物落地、拍击或是摩擦的声音，这个落地动作就一定有问题。以正确的技术跑步应该是平滑而安静的。

通过腿部前倾使臀部超过身体的支撑点。保持上身直立，让臀部、肩部和耳朵处在一条直线上。

在身体重心的下面落地。用前脚掌在臀部下方着地，这就是你的训练目标。如果你还不能精确地完成这个动作，也不要太苛求，但至少不要用脚跟或在超出臀部很远的位置着地。在臀部之下着地可以帮助你控制身体前进的动力。

定期拍摄视频。一定要定期记录自己的跑步动作，这是分析自己跑步技术的唯一方法。一旦养成习惯，你会发现它是学习过程中的享受。

易犯的错误清单

- 步幅过大。
- 脚跟着地；积极、主动地着地。
- 上拉迟缓；上拉过高。
- 弯腰。
- 前倾障碍。
- 身体垂直运动幅度过大。
- 双臂过分摆动。
- 着地声音过大。
- 着地时脚与地面产生摩擦。

积极的着地动作易造成体前着地

THE RUNNING REVOLUTION

HOW TO RUN FASTER, FARTHER, AND INJURY-FREE—FOR LIFE

PART 3 姿势跑法循环训练

THE RUNNING REVOLUTION

20

跑步的循环训练

·高效、安全地寻求新突破·

在接下来9个星期的过渡阶段，重点是练习的质量而不是数量。教学的核心部分是由实跑和技术训练构成的交叉练习，就像将循环训练方法运用到跑步中一样，因此把它叫作“跑步的循环训练”。学习中一定要严格按照要求去做，这也包括在第21章中要讲到的，按照要求认真分析自己的跑步视频。

开始的部分会比较容易，但随着学习内容的累积增加，难度会逐渐增大。学习跑步和其他技能都要依照运动生理学的规律来进行，而运动生理学涉及肌肉骨骼生理学、普通生理学、神经生理学和心理生理学。根据运动生理学原理，学习过程的每个关键环节都有它们的时间表。在学习的过程中，神经系统首先适应了新的运动模式，然后肌肉力量得到加强，而肌腱和韧带却需要更长一段时间才能被强化。书中按序安排的不同内容保障了跑步训练的高效和安全。

THE
RUNNING
REVOLUTION

21

分析自己的跑步动作

·建立高效的感知与实践正循环·

在开始新的练习之前，首先要学习如何分析自己的跑步动作。视频分析对下一阶段的跑步循环训练来说至关重要，因为你将把技术练习内容直接运用到自己的跑步中，并根据自身需要为自己量身定制训练计划。

如果到目前为止你一直按照要求去做，那你在学习过程中应该至少积累了 3 段自己的跑步视频：

- 买到跑鞋和阅读数码拍摄相关内容时。
- 在第一课开始时。
- 在第十课结束时。

现在就把这些视频复制到电脑里，用电脑屏幕或最好用电视屏幕来仔细观看。你最好有 iMovie 或 Movie Maker 这种可以逐帧观看视频的编辑软件；或者，你也可以将视频上传到视频网站，再将视频链接拷贝到网站观看。这样你就可以一帧一帧地观看自己的动作，找到它们与理想的姿势跑法动作之间的差异（姿势跑法的连续动作图参见第五课）。

你已经了解了姿势跑法的基本概念，现在你就可以像一个教练一样分析自己的跑步动作了。首先让我们逐帧分析一下理想的跑步动作。

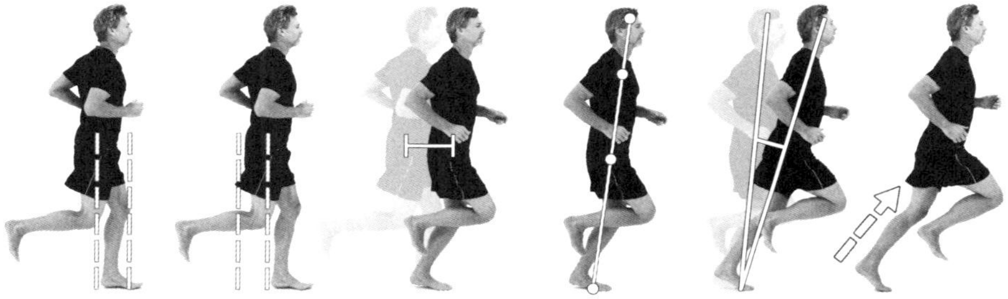

1. 脚掌刚落地　2. 摆动腿的滞后　3. 抵达关键跑姿的帧数　4. 校正姿势线　5. 落下的临界点　6. 上拉进入腾空阶段

① 脚掌刚落地：落地脚以略微内旋的姿态，在身体正下方的大致位置落地。后腿稍稍落后于身体，以使身体尽快呈关键跑姿。

② 摆动腿的滞后：在开始触地时，后腿稍稍落后于身体。

③ 抵达关键跑姿的帧数：当身体通过关键跑姿时，上身要保持直立。

④ 校正姿势线：当身体开始落下时，支撑脚的脚跟应该离开地面。

⑤ 落下的临界点：摆动脚超越支撑腿。

⑥ 上拉进入腾空阶段：将支撑脚脚跟上拉到臀部，在摆动脚超越支撑腿时，以使身体进入腾空阶段。

用慢速播放将 3 个视频全部看一遍，把自己的动作与上图做对比。在这 3 个视频的对比中，你能否发现自己的明显进步？将第三个视频再放慢看一遍，在跑步日志中大致记下你的感想：

- 哪些动作做得正确?
- 哪些动作有错误?
- 你将如何改正这些错误?

一旦对如何评估自己的动作有一个大致的了解，你就可以将视频分解，逐帧观察，判别自己跑步的 3 个关键姿态：我的身体是否呈关键跑姿？我是否处在落下阶段？我的上拉动作是否正确？时机是否恰当？下面介绍的准则可以帮助你找出跑步姿势的偏差，制订改进错误动作的方案。视频分析时，要将你的观察记录在跑步日志中。

视频分析：关键跑姿

关键跑姿可以使身体处在最佳的平衡状态，你的关键跑姿调整得越好，身体聚集的势能就越大。我将分 5 个步骤分解关键跑姿。

① 准备。快进到你处在镜头前方，可以清楚地观察到全身动作的一帧画面时暂停。

② 着地。逐帧观看，在脚与地面接触的一帧画面暂停。这时你的大部分体重正落于着地脚的前脚掌上，脚跟已经接触地面。观察一下双腿和支撑脚与身体的相对位置（姿态 1）。此时，着地脚应该在身体的下方，使肌肉、肌腱能够快速吸收地面的冲击力，然后将其释放到运动中。如果你的落地点在臀部（身体重心）之前，那就是典型的步幅过大，这会使踝关节、膝关节和髋关节在紧张的状态下承担来自地面的冲击。这些关节是最薄弱的环节，长时间以这种方式落地会导致膝关节和髋关节的损伤。

③ 承载。点击到下一帧画面。在这个身体快速过渡到关键跑姿的过程中，支撑脚逐渐承担了更多的体重（姿态 2）。如果你的落地动作正确无误，你会在这帧画面中看到，快速增加的负荷既没有冲击任何关节，也没有让肌腱像肌肉那样承担冲击力。肌腱适合短时间内承担负荷，而肌肉更适合通过慢速吸收冲击力维持身体平衡。

④ 关键跑姿。数一下，从着地开始，你跳过了几帧画面才看到身体呈关键跑姿？此时身体重量落于支撑脚的前脚掌，脚跟轻微离开地面（姿态 3）。在标准的 30 帧 / 秒的视频中，跳过一两帧画面后应该就可以看到身体呈关键跑姿。如果跳过 4 帧才看到，很可能说明你的落地脚伸到了身体的前方，形成了典型的步幅过大动作。

⑤ 关键跑姿的肢体定位。当身体呈关键跑姿时，你可以查看你的身体是否呈关键跑姿的平衡状态，也就是上身直立、支撑脚于臀部下方。错误的姿态是摆动腿处于身体之后，身体前倾（姿态 4）。假设你的身体以超过垂直面 5° 的角度前倾，那么你就损失了身体前倾落下 5° 可以产生的动能。结果是，在同样的体力消耗下，你跑得会比你能够达到的速度慢一些（如果前倾角度超过 22.5°，恐怕你的下一个动作就是扑倒在地）。在理想情况下，此时你应该呈直立的关键跑姿（姿态 3），正准备开始进入落下阶段（姿态 5）。从支撑脚的脚跟离开地面开始进入上拉阶段，到身体重新呈关键跑姿之间，要用几帧画面呢？如果你用了 2 帧画面进入关键跑姿、用 4 帧画面摆脱关键跑姿，说明你上拉得太晚了。

视频分析：落下

① 准备。快进到你处在镜头前方，可以清楚地观察到全身动作的一帧画面时暂停。

② 关键跑姿。逐帧观看，在身体呈理想的关键跑姿时停止（姿态 4）。

③ 摆脱支撑。逐帧向后翻看，直至看到支撑脚的脚跟开始离开地面的那一帧时暂停，这是落下阶段的开始。此时你的大部分体重开始从支撑脚的跖球部撤除，转移至摆动腿（姿态 3）。

④ 落下。数一下，从支撑脚脚跟离开地面的动作（姿态 4）到支撑脚运动到距地面的最大高度，一共用了几帧画面？在标准的 30 帧 / 秒的视频中，一两帧是正常的。如果你用了 4 帧画面来上拉支撑腿、摆脱关键跑姿，说明你上拉得太晚了。在摆动脚超过支撑腿的膝关节的瞬间，落下阶段已经结束，应立即提起支撑腿进入上拉阶段。

⑤ 落下动作的肢体定位。在这帧画面中，查看一下你的身体姿态，此时你的身体从臀部以上应该还保持关键跑姿。很多人跑步时只是上身前倾，认为通过弯腰可以增加前倾角度。但根据牛顿第三定律，前倾的上身必须由滞后的后腿提供平衡，这样就造成支撑脚与地面接触的时间过长，破坏了身体的整体平衡。一些教练把这种姿态叫作跑步的 K 状错误。

另一个看上去很明显，但又很常见的错误是身体根本做不到前倾。这就意味着此时支撑脚脚跟还紧贴地面，上身僵直地位于支撑脚上方。这个姿态给身体前进造成了很强的制动效应。对于前倾身体，甚至提高跑速的畏惧影响了你的跑步姿态。

在下一部分中，我们将详细分析在上拉过程中最常见的错误：通过主动蹬地和提膝驱动身体前进。

视频分析：上拉

上拉是跑步姿势中的主要动作，适时的上拉可以产生神奇的效果。

① 准备。快进到你处在镜头前方，可以清楚地观察到全身动作的一帧画面时暂停。

② 转换支撑。在摆动脚超过支撑腿时的一帧画面停止播放，这是落下阶段结束的标志（姿态 5）。

③ 腾空阶段。数一下，你用几帧画面完成了支撑脚离开地面，从而使身体进入双脚离地的腾空阶段？正确动作的画面帧数应该是 1 帧。如果在动作开始后的第二帧画面里，你的脚还在接触地面，就说明你的上拉动作太晚了。

④ 上拉。继续数，从支撑腿离开地面到将其上拉到臀部下方，同时另一条腿落地、身体重新呈关键跑姿之间，你用了几帧画面？最佳的标准还是一两帧。也就是从腾空阶段开始到身体落地呈关键跑姿需要一两帧画面的时间。

⑤ 上拉脚的位置。倒回去，重新逐帧看一遍你的上拉动作。支撑脚应该直接被提升到臀部下方，踝关节与另一条腿的膝关节同高，双腿交叉呈数字“4”的形状（姿态 3）。注意不要上拉过度，上拉过度就是将脚上拉到臀部下方过高、与当时的跑速不相符的位置。也要注意不要蹬地，这会使你的关节过分伸展，也无法充分利用跑步运动的最佳伙伴：肌肉-肌腱的弹力机制。支撑腿的蹬地还能引发另一

个上拉过程中的常见错误：将腿上拉到臀部后方，而不是臀部之下。最后，查看一下你是否犯了曾经在 20 世纪 70 年代大为流行的大错误：提膝，也就是用膝关节或大腿向上带动小腿的动作。

通过分析几千个姿势跑法培训班学员的跑步姿势，我发现很多人在做上拉动作时，非常确认他们是把脚直接从地面拉到臀部下方，通过视频分析却发现事实并非如此。很常见的原因是腘绳肌的力量不足。在一定的速度之下，如果你的落下和上拉同时滞后，可能对跑步影响不大，但一旦速度加快，就会造成很大的问题。要做到完美的上拉，首先你要培养出将你的脚从地面直接上拉到臀下这个动作过程的视觉想象。

视频分析：你的躯干

在姿势跑法的所有动作过程中，躯干要始终保持直立，同时也要有足够的力量以保障四肢的自由活动和跑步的动作效率。要牢记这样一个事实：跑步的动力来自躯干以下的动作，而不是躯干自身。就像汽车的底盘，它的移动是由于车轮的转动，而底盘自身并不产生任何前驱的动力。你的躯干也只是作为身体的一部分随之运动，不要给整个身体的平顺运动造成妨碍。

① 从分析上拉动作的那帧画面开始，逐帧仔细观看一个完整的跑步动作周期，注意观察上身的运动状态。如果发现某个时刻或自始至终上身有前屈或后仰的动作，请在跑步日志中记录下来。另外也要确认自己没有出现 K 状错误。

② 逐帧看到视频结束，把注意力集中在双臂的动作上。双臂的作用是为腿部动作提供平衡，动作幅度要尽可能小，要与下肢动作完全同步，在运动中帮助维持高效的肢体动作。如果发现自己的双臂在左右摆动或过分用力（很可能伴随着需要纠正的蹬地、提膝等动作），请在跑步日志中记录下来。

纠正你的错误

现在，你已经掌握了如何以客观的角度分析并纠正自己的跑步姿势，以及了解了其重要性，下面就是一系列针对视频分析中发现的错误的纠正性练习。在进入姿势跑法的循环训练阶段前，你要多做这些练习。

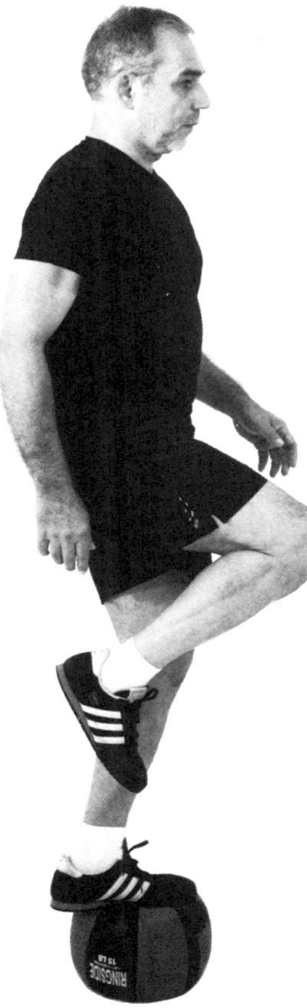

关键跑姿的稳定性练习：离地呈关键跑姿

将一个小个儿物体放在地面，可以是台阶、一本书或是一个实心球（难度很大），单脚站在这个物体上呈关键跑姿。动作要求是，支撑脚的脚跟悬空于物体的边缘之外，以脚的跖球部与物体接触。该练习的目的是使你对身体重心位置的感觉更加灵敏，加强与维持身体平衡相关的肌肉群的力量。

关键跑姿的调整：躯干应保持直立

自拍或者请朋友帮忙拍摄一张自己站成关键跑姿的照片，并把这张照片和标准的关键跑姿对比一下。将肩部、臀部、膝关节、手臂及头部与支撑脚的相对位置进行必要调整。如果不能用相机拍照，可以利用镜子来查看自己的姿态，或在同伴的协助下调整姿势。对错误动作的发现可以加强你的运动感知，从而使动作的纠正变得更加容易。

落下过程的姿态调整：防止弯腰

夸张地前倾。身体呈关键跑姿弯腰，使上身的前倾角度超过 45°，然后重新直立上身，使肩部回到关键跑姿的平衡位置。

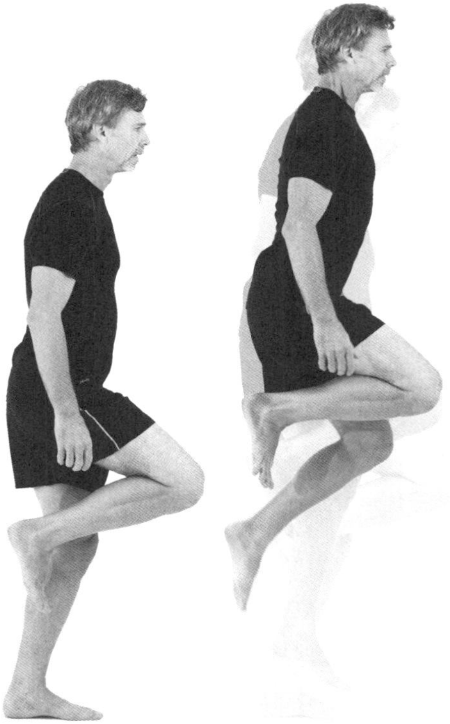

落下过程的姿态调整：纠正K状错误

身体呈弹性站姿，双脚原地跳跃，这个练习可以阻止弯腰动作的发生。也可以使身体呈关键跑姿，单脚原地跳跃，这个难度更高，因此，要首先掌握双脚原地跳跃练习。

上拉速度：纠正上拉迟缓

如果在分析时发现身体完成关键跑姿的过程和摆脱关键跑姿的过程占用的视频帧数相等，也就是用了 3 帧进入关键跑姿，用了 3 帧摆脱关键跑姿，或者用了 4 帧进入关键跑姿，用了 4 帧摆脱关键跑姿；这意味着你的动作比较平衡，也说明你所有的动作都太慢了，需要通过增加肌肉的力量和弹性加快动作速度。达到这个目的最好的练习是跳绳，赤足跳绳的效果更好，但不管是赤足还是穿鞋，关键是动作感知。为使你感觉到脚部的自然弹性运动，跳绳时要用脚的跖球部着地。跳绳练习做得越多，你的上拉动作也就越迅速。

上拉姿态：纠正上拉迟缓

强壮的腘绳肌是正确的上拉动作的保障，包括踝关节负重、阻力带和利用器械等针对腘绳肌的练习有很多。当然，也可在训练伙伴的帮助下进行阻力练习。在训练力量的同时也要培养对上拉动作的知觉能力。很多业余跑者不但腘绳肌的力量很差，对将脚部抬离地面的上拉动作也几乎毫无感知。

用阻力带纠正上拉迟缓

① 双脚与髋关节同宽站立，将阻力带的一端固定于一只脚的踝关节，另一端连接位于身体后方的固定物。

② 身体呈弹性站姿。

③ 上身直立，保持摆动腿的大腿固定，在呼气的同时将脚跟提向臀部。注意保持摆动腿的大腿与支撑腿的大腿同高，背部始终平直。

④ 吸气时回到原始位置，重复上述动作。

⑤ 交换双腿，保持核心肌群的参与状态。

你也可以试试踝关节沙袋负重练习来纠正上拉迟缓。

① 在保障舒适的前提下将沙袋绑在右脚踝关节。

② 双手扶墙或置于椅背寻求支撑。

③ 保持上身直立，核心肌群紧张，呼气的同时上抬右大腿，同时折叠小腿将脚提到臀部下方。

④ 停顿一下后在吸气的同时将脚重新放到地面上。

⑤ 重复上述动作。

⑥ 交换支撑腿，自始至终核心肌群要保持参与状态。

⑦ 由双手换成单手支撑，最终要像图中的跑者一样在无支撑的状态下练习。

转换支撑：纠正进入腾空阶段的迟缓

① 左右脚踝同时负重，左腿支撑呈关键跑姿。为了增加难度，可以站在一个瘪气的足球上，用踝关节沙袋负重练习训练踝关节的稳定性。

② 将左腿提到臀部下方。在另一条腿开始落下之前，左腿必须离开地面（或离开足球）。

③ 让右腿在自然放松的状态下落到地面上。

④ 要用右脚的跖球部着地，落地后身体呈关键跑姿。

⑤ 以另一条腿为支撑腿重复上述动作。

躯干：纠正不稳定的躯干

检查躯干是否稳定的最好方法之一是跑步时将双臂伸直，双手十指交叉相扣，与肩同高置于体前。

做个更好的教练

经过训练，你在思考问题时已经可以像一个职业运动员或一个热衷于改进技术动作的跑步爱好者了，这取决于你的心态。首先，通过录制和分析自己的跑步动作，你的运动知觉能力有了很大提高。然后，你又将这些新的知识和能力运用到跑步当中，建立了一个高效的感知与实践的正循环。现在，通过掌握一系列对错误动作的纠正方法，你的姿势跑法训练已经达到了一个新的水平。在进入第 22 章的姿势跑法循环训练阶段前，你至少要每 3 个星期录制和分析一次自己的跑步动作。因为当你在纠正一个错误的同时，可能会产生另一个错误，所以，你要非常仔细地观察自己的每一个动作，必要时，要及时采取行动纠正错误。

THE RUNNING REVOLUTION

22

完成过渡

· 姿势跑法9个星期训练计划 ·

这是姿势跑法学习的下一个阶段，它的基础是对前一部分 10 节课的学习，以及对第 21 章中的视频分析方法的运用和对错误动作的纠正练习。通过 9 个星期的训练，你将能够以姿势跑法跑更长的距离，无论是 5 公里还是超级马拉松。跑步的循环训练将是你的姿势跑法学习过程中最长的一部分，而且这部分的力量训练强度也要进一步增加。因此，千万不要急躁。

常规力量训练的升级

记得我在本书的第一部分中就提醒过：力量训练的强度随着课程的深入会逐渐增大。那么，现在就是做出调整的时候了。如果你一直按照要求完成力量训练部分的功课，你应该已经为下一级的力量训练做好了准备。

仰面单腿支撑抬臀

① 双臂伸直，双手掌心向下，手指朝后，在体后肩关节下方支撑地面，

双腿伸直成坐姿。

② 将左脚抬至距地面大概 20 厘米的高度。

③ 以双手和右脚脚跟接触地面，尽可能地将臀部上抬。

④ 将臀部回落到初始位置重新上抬，连续重复 10 次。

⑤ 变换支撑腿重复上述动作。

俯卧单腿支撑抬臀

① 双手在肩部下方触地，直臂成俯卧撑姿势，臀部放松与身体成一直线，将右脚抬至距地面大概 15 厘米的高度，支撑脚脚趾上钩接触地面。

② 将臀部直接向上抬起，使身体呈倒“V”字状，同时将右腿上抬到与臀部一样的高度，使右脚踝关节、臀部和耳朵处在一个水平面上，只用左脚接触地面。

③ 将臀部回落到初始位置重新上抬，连续重复 10 次。

④ 变换支撑腿重复上述动作。

单腿支撑侧身抬臀

① 身体呈侧板支撑姿势，右臂伸直在肩关节下方支撑身体重量，臀部触地。

② 将左腿向上抬起到距右腿 30 厘米的高度。

③ 尽可能地将臀部向上抬起。

④ 将臀部回落到初始位置重新上抬，连续重复 10 次。

⑤ 换身体另一侧重复上述动作。

徒手深蹲

① 双脚分开略宽于肩站立，双臂伸直与肩同高置于体前。

② 将身体重心前移，由双脚的跖球部承担体重。

③ 落臀，身体尽可能地向后下方下移呈深蹲姿势，体重始终集中于双脚的跖球部。

④ 站起来回到初始状态，连续重复 10 次。

9个星期训练计划

综合学习到的所有内容，我们就有了下面这个为期 9 个星期的训练计划。每次训练要进行 4 轮重复的技术练习，每轮练习都包括一个计时跑。

每个星期训练 3 次，每次训练后休息一天，每个星期有一次是连续休息两天。如果错过一次训练，训练计划要向后顺延，直到一星期内完成 3 次训练后，才能进入下个星期的训练。

这个阶段的跑步训练强度是以你感到舒适为准，要知道目前你正在学习一个新技术，而不是创造个人最好成绩。计时跑的目的不是提高跑速，而是将所有的技术练习内容逐步整合到你的自然的跑步动作当中。在训练时不要过度思考，只要给自己“连贯起来”或“结合到一起”这样的简单的提示就可以了，其他的交由你的身体去完成。

每次训练还是和以往一样，从填写跑步日志中的“注意力的准备”部分和准备活动开始，以力量练习结束。下面是每次训练的内容安排：

1. 填写跑步日志中的“注意力的准备”部分。
2. 准备活动。
3. 完成下列训练计划表中的相应内容。[①]
4. 力量训练，每个练习的重复次数增加到 15 次。
5. 填写跑步日志中的“训练小结”部分。

最后，不要忘记在第三个、第六个和第九个星期的训练结束时录制自己的跑步视频，这在下面的训练计划中已经标注了“*”号。

① 不要忘记每个练习内容重复4次。——译者注

9个星期训练计划

THE RUNNING REVOLUTION

星期	第一次训练	第二次训练	第三次训练	第四次训练
1	关键跑姿的静态练习（第 104 页），双腿交替各 30 秒。3 分钟跑步，跑步时将注意力集中在身体的关键跑姿	落下转换支撑练习 2（第 142 页），双腿交替各做 3 次。3 分钟跑步，跑步时将注意力集中在身体的落下过程	转换支撑练习（第 117 页），双腿交替各做 3 次。3 分钟跑步，跑步时将注意力集中在身体的上拉过程	自选练习内容。3 分钟跑步，跑步时注意关键跑姿、落下和上拉过程
2	关键跑姿的静态练习（第 104 页），双腿交替各 30 秒。4 分钟跑步，跑步时将注意力集中在身体的关键跑姿	落下转换支撑练习 2（第 142 页），双腿交替各做 3 次。4 分钟跑步，跑步时将注意力集中在身体的落下过程	转换支撑练习（第 117 页），双腿交替各做 3 次。4 分钟跑步，跑步时将注意力集中在身体的上拉过程	自选练习内容。4 分钟跑步，跑步时注意本星期练习过的动作
3*	关键跑姿的静态练习（第 104 页），双腿交替各 30 秒。5 分钟跑步，跑步时将注意力集中在身体的关键跑姿	落下转换支撑练习 2（第 142 页），双腿交替各做 3 次。5 分钟跑步，跑步时将注意力集中在身体的落下过程	转换支撑练习（第 117 页），双腿交替各做 3 次。5 分钟跑步，跑步时将注意力集中在身体的上拉过程	自选练习内容。5 分钟跑步，跑步时注意本星期练习过的动作
4	原地单腿点地练习（第 147 页），双腿交替各 3 次，逐步过渡到 10 米的移动中单腿点地练习（第 148 页），练习结束时直接进入 6 分钟的跑步，注意关键跑姿和上拉	落下转换支撑练习 2（第 142 页），双腿交替各 3 次，逐步过渡到 10 米的由前倾过渡到跑步的练习（第 143 页），练习结束时直接进入 6 分钟的跑步，注意落下过程	转换支撑练习（第 117 页），双腿交替各 3 次，逐步过渡到 10 米的运动中的转换支撑练习（第 135 页），练习结束时直接进入 6 分钟的跑步，注意上拉过程	自选练习内容。6 分钟跑步，跑步时注意本星期练习过的动作
5	原地单腿点地练习（第 147 页），双腿交替各 3 次，逐步过渡到 10 米的移动中单腿点地练习（第 148 页），练习结束时直接进入 6 分钟的跑步，注意关键跑姿和上拉	落下转换支撑练习 2（第 142 页），双腿交替各 3 次，逐步过渡到 10 米的由前倾过渡到跑步的练习（第 143 页），练习结束时直接进入 6 分钟的跑步，注意落下过程	转换支撑练习（第 117 页），双腿交替各 3 次，逐步过渡到 10 米的运动中的转换支撑练习（第 135 页），练习结束时直接进入 6 分钟的跑步，注意上拉过程	自选练习内容。6 分钟跑步，跑步时注意本星期练习过的动作

续表

星期	第一次训练	第二次训练	第三次训练	第四次训练
6*	原地单腿点地练习（第 147 页），双腿交替各 3 次，逐步过渡到 10 米的移动中单腿点地练习（第 148 页），练习结束时直接进入 6 分钟的跑步，注意关键跑姿和上拉	落下转换支撑练习 2（第 142 页），双腿交替各 3 次，逐步过渡到 10 米的由前倾过渡到跑步的练习（第 143 页），练习结束时直接进入 6 分钟的跑步，注意落下过程	转换支撑练习（第 117 页），双腿交替各 3 次，逐步过渡到 10 米的运动中的转换支撑练习（第 135 页），练习结束时直接进入 6 分钟的跑步，注意上拉过程	自选练习内容。6 分钟跑步，跑步时注意本星期练习过的动作
7	转换支撑练习（第 117 页），双腿交替各 3 次，逐步过渡到 10 米的运动中的转换支撑练习（第 135 页），练习结束时直接进入 6 分钟的跑步，注意上拉过程	落下转换支撑练习 2（第 142 页），双腿交替各 3 次，逐步过渡到 10 米的由前倾过渡到跑步的练习（第 143 页），练习结束时直接进入 6 分钟的跑步，注意落下过程	原地单腿点地练习（第 147 页），双腿交替各 3 次，逐步过渡到 10 米的移动中单腿点地练习（第 148 页），练习结束时直接进入 6 分钟的跑步，注意关键跑姿和上拉	自选练习内容。6 分钟跑步，跑步时注意本星期练习过的动作
8	转换支撑练习（第 117 页），双腿交替各 3 次，逐步过渡到 10 米的运动中的转换支撑练习（第 135 页），练习结束时直接进入 6 分钟的跑步，注意上拉过程	落下转换支撑练习 2（第 142 页），双腿交替各 3 次，逐步过渡到 10 米的由前倾过渡到跑步的练习（第 143 页），练习结束时直接进入 6 分钟的跑步，注意落下过程	原地单腿点地练习（第 147 页），双腿交替各 3 次，逐步过渡到 10 米的移动中单腿点地练习（第 148 页），练习结束时直接进入 6 分钟的跑步，注意关键跑姿和上拉	自选练习内容。6 分钟跑步，跑步时注意本星期练习过的动作
9*	转换支撑练习（第 117 页），双腿交替各 3 次，逐步过渡到 10 米的运动中的转换支撑练习（第 135 页），练习结束时直接进入 6 分钟的跑步，注意上拉过程	落下转换支撑练习 2（第 142 页），双腿交替各 3 次，逐步过渡到 10 米的由前倾过渡到跑步的练习（第 143 页），练习结束时直接进入 6 分钟的跑步，注意落下过程	原地单腿点地练习（第 147 页），双腿交替各 3 次，逐步过渡到 10 米的移动中单腿点地练习（第 148 页），练习结束时直接进入 6 分钟的跑步，注意关键跑姿和上拉	自选练习内容。6 分钟跑步，跑步时注意本星期练习过的动作

身体姿态的检查

在检查姿势跑法的关键跑姿、落下和上拉等每一个动作环节时，要将发现的问题找出来，采用适当手段加以纠正，然后将纠正后的动作运用到跑步中。在前面，你已经学到了如何进行跑步动作的视频分析、如何纠正错误动作等重要的技能和方法。全面了解从发现错误到纠正错误的方法及流程，保持时刻审视自己技术动作的积极心态，是掌握正确技术动作的关键。

当你经过一路努力进入跑步的循环训练阶段时，要继续培养自己集中注意力的能力，在姿势跑法的原理中，它与知觉能力密切相关。在跑步时，要密切关注你身体上发生的一切变化。它并不需要百分之百的全神贯注，而是放松地对肢体动作保持持续的注意力，并对将注意力转移到任何与跑步无关的事物上的行为保持持续的警觉。跑步日志将是帮你达到上述要求的重要工具。

下面是一些针对姿势跑法各个动作环节的训练与练习提示以及日志填写实例。如果你发现自己在完成某一个环节的动作时出现较大问题，可重点操练针对这个环节的技术练习，每个动作做 3 组，组间间隔 1 分钟。多花一些时间在规定练习上，而且要记住，将想法落实在纸面上，有助于你克服在学习新动作时遇到的困难。

检查你的着地方式

在你的脚着地的过程中，最大的挑战恐怕是用前脚掌着地和在臀部下面着地，这也是你要持续巩固的两个动作要点。

THE RUNNING REVOLUTION HOW TO RUN FASTER FARTHER AND INJURY FREE—FOR LIFE

要始终用前脚掌着地

我希望能够一直用前脚掌着地，这时我会感觉到跑步非常轻快，身体的任何部位都很轻松。虽然现在我尽量做到每一次都用前脚掌着地，但还有用脚跟着地的倾向。原地跑时比较容易做到用前脚掌着地，我很难想象用脚跟着地进行原地跑。对我来说，在跑步中用前脚掌着地还是一个挑战，我要把原地跑的动作模式运用到行进跑当中，所以，我在跑步之前会先做 10 ～ 20 秒的原地跑。

练习处方

下列技术练习及训练有助于你完成正确的落地动作：

- 技术练习：身体重心知觉练习。
- 技术练习：原地单腿点地练习。
- 训练：深蹲。

THE RUNNING REVOLUTION HOW TO RUN FASTER FARTHER AND INJURY FREE—FOR LIFE

尝试赤足跑

作为尝试，我在公园的草地上进行了一段赤足跑，跑的距离不长，大概只有 40 米，目的是体会落地动作。我发现赤足跑与穿鞋跑有如下不同：

- 落地更柔和。
- 用脚的跖球部着地。
- 着地点几乎就在臀部下方。
- 上身更加直立。

我当时的注意力几乎全部在跑步中，没有感到任何畏惧，或许是因为这是个新尝试。我当时的精神处在高度警觉状态。学习姿势跑法的难点之一就是将意识集中在跑步的每一步当中，动作没有任何偏差，时刻防止再回到原来的动作模式中。

检查你的落下

虽然听起来容易，但落下动作也是一个挑战，因为实际上，落下动作是一种“放任”或是“少做一些”。落下动作触发了一种你必须克服的心理恐惧，那就是你害怕摔跤。这就需要你继续做落下技术的练习，其基础是原地感知身体的落下，然后是在运动中感知身体的落下，在每一步当中要保持对落下过程的高度感知。

THE RUNNING REVOLUTION
HOW TO RUN FASTER,FARTHER,AND INJURY-FREE—FOR LIFE

对落下动作的畏惧

我一直做不好正确的落下动作，总是对肢体的控制过度，这是受习惯动作模式影响的结果。我在跑步中的落下过程比较短，然后就回到我称作“安全跑步”的动作模式。我的落地点不是在臀部下方，而是在超出身体很远的位置。正确的落下动作让我觉得有点儿进退两难，即要任由身体自由落下，而这个落下又要在意识的主动支配下完成。不管怎么说，现在我的确有点儿畏惧的感觉。

练习处方

下列技术练习及训练有助于你完成正确的落下动作：

- 技术练习：转换支撑练习。
- 技术练习：由前倾过渡到跑步的练习。
- 训练：前向定点跳跃练习。

THE RUNNING REVOLUTION
HOW TO RUN FASTER,FARTHER,AND INJURY-FREE—FOR LIFE

对前脚掌着地的畏惧

在第一次听到前脚掌着地跑步时，我想，这不就是像我用脚跟着地的动作一样，用前脚掌主动着地吗？而罗曼诺夫博士认为，前脚掌着地是身体落下的被动结果，不是主动做出的肢体动作。这让我大为吃惊，根本无法了解其中的含义。很多跑步技术都是围绕着前脚掌着地还是后脚跟着地这个议题，这让我也觉得有必要尝试一下用前脚掌着地跑步。最开始我简单地认为，只是由一个动作代替另一个动作，后来才发现并不是那么简单：掌握新技术几乎是一个全新的学习过程。所以现在我必须先让身体前倾落下，然后再用落地脚的前脚掌在臀部下方着地。我要通过反复操练落下的技术练习，来增加对落下动作的感知。

检查你的上拉

错误的上拉通常是掌握正确跑步动作的最大障碍，上拉迟缓或上拉过度的错误动作很容易出现。其实上拉就是主动地将脚拉到臀部下方，使身体进入腾空阶段。因为这个动作是通过主动的肌肉收缩实现的，所以增加相关肌肉的力量非常重要。如果你发现自己很难正确地完成这个动作，也许你需要加强身体的力量训练，而最重要的就是加强腘绳肌的力量。

THE RUNNING REVOLUTION

HOW TO RUN FASTER, FARTHER, AND INJURY-FREE—FOR LIFE

对上拉动作的畏惧

今天跑步时，我想感觉一下在跑动中身体呈关键跑姿这个动态过程，同时注意做好上拉动作。但是我觉得自己已经把关键跑姿当成了一个静止动作，而非一个动态过程，而且很难做出改变，这造成了我上拉迟缓。

我希望在上拉的过程中能够感受到通过收缩腘绳肌将脚

拉到臀部下方的动作过程；感受到在上拉脚前摆超过支撑腿的刹那间，上拉过程结束明显放松；当然还希望感受到根据不同的跑速将腿部上拉到距臀部不同的高度。我要尽力感知跑步速度与上拉高度之间的关系。只有通过上拉动作才能使身体进入腾空阶段。我的跑步就是不停地落下、腾空和落地。

练习处方

下列技术练习及训练可以帮助你更好地体会上拉动作：

- 技术练习：转换支撑练习。
- 技术练习：运动中的转换支撑练习。
- 训练：原地跳跃时脚跟互碰。

THE RUNNING REVOLUTION HOW TO RUN FASTER,FARTHER,AND INJURY-FREE -- FOR LIFE

问题主次的区分及困惑

我要将需要解决的问题进行区分排列，下面就是这星期按主次排列的练习重点：

- 像之前习惯的用脚跟主动着地一样，我要通过主动控制肌肉的参与，完成前脚掌的着地动作。
- 让我的落地动作成为身体落下的结果。
- 关注上拉动作。
- 在臀部下方着地。
- 尽量减少支撑时间。

我要不停地提醒自己，在学习的过程中遇到困难、感到困惑是很正常的。我以原来的跑步方法跑了太长的时间，原来的运动模式已经成了我根深蒂固的动作习惯，对我目前的学习一定会有影响。现在我在学习用新的方法控制肌肉运动。姿势跑法的难点是以尽可能少的肌肉主动参与，让身体自然地完成动作，提高跑步效率。我更习惯于主动用力，就像人们常说的，刻苦训练；但姿势跑法的要求是顺其自然、尽可能少用力，这让我多少有一点排斥。

享受学习的过程

任何人在学习过程中遇到的问题都是不同的，动作分析要根据各人的不同情况进行。不同的困难可能出现在跑步的循环训练的不同阶段。你要不停地发现错误、纠正错误、改进跑步动作，最终的目的就是改进你的跑步姿势。即便是最优秀的运动员，也要经常进行动作调整，所以，你也要不停地对自己的动作进行调整和优化，这对跑步运动至关重要，也是这么多人喜爱跑步这项运动的重要原因。跑步就是不停地学习和进步的过程。

我给你的忠告是：在每次训练之前最有益的练习就是第十课训练课中提到的跑步的想象练习。这个练习做得越多，你的进步也就越快，坚持做会给你带来巨大的收益。网上的姿势跑法交流社区等也可为你的动作分析提供帮助。

4个检查动作

肚脐压力练习

这个练习的目的是检查你的身体是否在真正落下。在跑步中的任何时间，你都可以进行这样的检查。

① 在跑步时，将你的食指和中指放在肚脐上面。

② 随着每一步的前进，将身体前倾落下抵触到手指上。

③ 如果手指感受不到任何压力，说明你并没有做到真正的落下。注意，由身体重心（臀部）开始在重力的作用下自然落下。

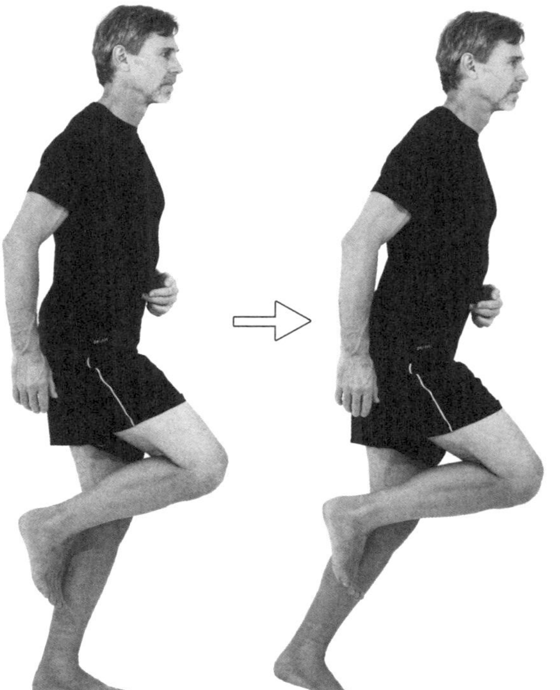

将手掌置于腰部

这个练习的目的是检查身体的姿态。在跑步中的任何时间，你都可以进行这样的检查。

① 在跑步时，轻轻地将任意一只手放在腰部。

② 用手感觉一下身体是否有弯腰的动作，如果有，可以加大手掌对腰部的压力，看看是否能使身体重新处于直立的正确姿态。

③ 如果发现你的腰部呈不自然的后弓姿势，就重新将腰椎恢复到自然状态（腰椎的自然曲度）。

双手相扣于体前

这个练习的目的是检查你是否有迈步过大、上拉迟缓或着地点超前的行为。在跑步中的任何时间，你都可以进行这样的检查。

① 在跑步时，将双臂伸直在体前与肩同高，双手十指相扣。

② 如果双臂左右摆动，就说明步幅过大。

③ 如果双臂上下摆动，就说明上拉迟缓。

④ 如果双臂指向下方，就说明你在弯腰跑步。

双手相扣于体后

这个练习的目的是检查你的上身是否过于前倾，落地脚是否没有在臀部下方着地。在跑步中的任何时间，你都可以进行这样的检查。

① 在跑步时，将双手手指相扣，双臂伸直置于体后。

② 上身是直立的，还是向前倾的?

③ 落地脚是否在臀部下方着地?

④ 如果发现错误，可以将上身调整为直立状态或改变着地点至身体下方。

THE RUNNING REVOLUTION

23

在不同环境中跑步

·全地形跑步指南·

在完美结束常规路面的姿势跑法循环训练部分后，尝试在不同的环境中跑步是个非常不错的想法，这样做也会使跑步变得更加有趣。而且，你也可以试试穿极简鞋或赤足跑。这一章将为你在跑步机、野外和沙滩上以及上下坡时的跑步提供一些技术指导。

跑步机

跑步机可以使你在遇到恶劣气候或在严冬时也能不间断地跑步。当然，你也可能仅仅出于方便的原因使用跑步机。它与在地面上跑步是有差别的，因此你要做出一些动作调整。和以往的目标一样，跑步时要做到最大化利用人体生物力学原理，避免运动损伤。

- 脱掉跑鞋。赤足在跑步机上跑步可以很好地体会前脚掌着地的动作。如果健身房禁止赤足，那就穿着袜子跑。跑步时要注意安全。
- 将跑步机调成 1°～ 3° 的斜坡。这个角度可以使你像在地面跑步一样做出身体前倾落下的动作。

- 保持身体直立。保持关键跑姿的平衡姿态，不要手扶跑步机的扶手弯腰跑步。
- 注意步频。当你调节跑步机皮带的转速时，一般情况下步频一定会发生变化。相比在地面上跑步，在跑步机上更容易保持高步频，这对提高地面跑步的步频很有帮助。

越野跑

远离喧嚣的城市路面，到自然中去，越野跑是一件让人感到很愉快的事。当然，你不必一定要去丛林和山间，在城市公园和绿地中一样可以进行越野跑。在城市公路跑步，地面平整而坚实，而越野跑的每一步，脚下的地面都有可能不同。在不平整的地面上跑步，需要不断做出体态和跑步方向的调整，这也加大了跑者跌倒和受伤的可能。

越野跑的潜在危害也能发挥有益的作用。当你在越野跑时，你的警觉和注意力，也就是你的知觉能力，始终处于提升状态，时刻感知着你身体的动作。身体也会根据地面情况做出相应的姿态调整和方向变化，这有助于肌肉、肌腱、韧带和关节的全面发展。越野跑时，下肢的落地角度和姿态也会不停地调整，这有助于提高下肢的综合力量，进一步防止运动损伤的发生。在不可预见的环境中跑步，可以培养机体在跑步时的适应力和机敏的反应能力，训练你的神经系统时刻准备应付各种突发情况。越野跑也使你在跑步环境突然发生变化时，不会产生任何不安的焦虑，这也是一种心理训练。

如果越野跑的地点对你比较方便，你完全可以将越野跑作为常规训练的一部分。相比之下，在城市路面上的跑步要少一些。如果要开很长时间的车才能到达你越野跑的地方，你也许只能将它当作训练周期结束时的一个调剂性练习、一种常规训练之间的心理放松。下面就是越野跑的一些技巧：

- 看得远一些。要始终将目光放在前方 10 ～ 15 米你将要跑过的地面上，查看可能出现的情况，同时也要快速观察正前方几步远的范围内是否存在任何危险。
- 缩短步幅。越野跑时保持身体平衡至关重要，通过减小步幅可以使你更容易地用前脚掌在身体下方着地。这是保持平衡的最佳方法，同时也有助于防止脚下打滑和跌倒。
- 落地要轻。在越野跑时，落地的动作要做得非常轻。身体也要保持放松的状态，千万不要紧张、僵硬。
- 速度要有变化。休闲越野跑虽然无关训练速度，但要利用好这个必须以不同节奏跑步的大好机会。如果在越野跑途中跑到一个平坦的开阔地带，此时加快速度也无妨。

沙滩跑

在起伏不平又松软的沙滩上跑步也许是一件艰难的事情，而在坚实的沙滩上跑步感觉又大不一样。但不管上述哪种情况，沙滩跑步都可使你在多方面受益：强化肌肉和韧带，使腿部肌肉发展平衡，加强关节的稳固，提高有氧代谢能力，培养控制机体与地面相互作用的能力。还有最重要的一点：提高肌肉的平衡力量。

除此之外，在沙滩上跑步不可能犯步幅过大这个错误，因为那时你根本做不出这个动作。如果你有主动蹬地或用脚跟着地的错误习惯，你会发现沙滩跑是体会正确技术动作的有效方法。跑步时，将脚跟在体前重重地插入沙子里，会使你立刻进入停滞状态。然而，如果以较短步幅、用你的前脚掌首先轻轻接触沙面的姿态跑步，你会发现脚不会陷入沙子太深，跑起来也会轻松许多。

不能把沙滩跑当作以时间或距离作为衡量标准的常规训练内容，它可以被当作全面掌握跑步技术和加强身体力量的有效训练手段。在松软的沙滩上跑步，就像穿着负重背心跑步一样，大大增加了训练强度。沙滩跑使你的运动和心肺循环系统都承担着更大的负荷，所以，要做好跑步时肌肉胀痛和呼吸时上气不接下气的准备。跑步后，你也会感到小腿和股四头肌的酸痛，但请注意，这种酸痛是肌肉变得更加强壮的迹象。

下面是沙滩跑的一些注意事项：

- 开始时不要跑得过长。在开始阶段可以做走跑结合的练习。
- 技术为先。当跑到技术动作开始变形时就要立刻停止，不要继续坚持。
- 训练要多样化。随着你的训练计划变得更加严谨，要将沙滩跑列入你的训练内容。将长距离跑、节奏跑、中距离间歇跑、短距离冲刺跑和软 / 硬沙滩跑结合在一起，交叉安排训练内容。
- 注意斜坡。有的沙滩上会有很陡的斜坡一直通向水面，如果始终在斜坡上以一个方向跑步，会使你的身体动作下意识地为这个倾面做出调整，最终导致伤害的发生。为平衡你的跑步动作，这时要从两个方向在这个斜坡上跑步，或者到远离水面、坡度较小的地方跑。

上坡跑

这听上去好像难以理解，但上坡跑的确要比下坡跑，甚至平地跑容易。这样说至少在跑步技术层面上是正确的。我们在上坡跑时，很难做出平地跑甚至下坡跑时容易出现的那些错误动作。上坡跑迫使你必须减小步幅，这就使你在上坡时很难做出步幅过大、脚跟着地或支撑腿主动蹬地的动作。下面就是上坡跑的一些注意事项：

- 跑步时，要让身体保持关键跑姿的平衡姿态，不要弯腰。
- 要保持短步幅、高步频。
- 将体重置于脚的跖球部。
- 上拉时，保持较短的上拉幅度。
- 不要主动蹬地或将腿完全伸直。

下坡跑

以正确的跑步技术进行下坡跑是最难的，因为此时身体受重力的影响最大。所以，你需要对技术进行相应的调整，以适应增加的重力作用。平地跑时要注意身体的前倾落下，而下坡跑时却要集中关注身体的直立状态，保持身体直立地处在支撑点，也就是脚的跖球部的上方。同时，还要对在臀部之下的落地动作保持额外的警觉，因为在斜坡跑时，你很难抵御想要迈大步的欲望。失控地飞奔到坡下是很容易的，但当伸出脚在身体之前落地时，腿部承担的巨大冲击力是非常有害的。

相比平地跑，下坡跑时肌肉的主动工作要进一步减少，上拉动作的幅度要控制在最小范围，仅仅抬离地面就可以了。步频也要高过平地跑时的步频。通过这样的调整，你就不会在下坡跑时失去对身体姿态的控制。下面是一些额外的动作要求：

- 要像原地跑一样，让身体保持直立，将重心放在身体支撑点的上方。
- 落地时，不要将脚伸到身体前面，要尽可能地在臀部下方着地。
- 通过关注上拉动作减小步幅。
- 增加步频。
- 减小上拉动作幅度，上拉到仅仅将脚抬离地面的高度。

THE
RUNNING
REVOLUTION

24

常见的运动损伤

·纠正错误动作，防止运动损伤·

在大部分情况下，常见的运动损伤是由错误技术动作的积累效应造成的。动作错误可以造成负担过重，在错误的时间或用错误的身体部位承担过大的体重，还会造成不当使用或超功能范围地使用支持性组织。损伤的最初阶段是急性期，这时你会感到疼痛而不得不中断训练。对待损伤，你可以进行自我处理、什么也不做等待疼痛的消失或寻求医疗救治。好消息是：在它们任何一种情况下，你都会逐渐康复；坏消息是：同样的伤病循环会频繁重复发生，随着时间的推移，损伤会转为慢性病。那时，这就是一个你不得不认真对待的问题了。

造成这种无休止的伤病循环的原因是，你只是在治疗症状，而不是根治原因。要防止损伤的再次发生，你必须消除造成这种损伤的技术上的瑕疵。本章的目的就是以纠正错误动作为手段，防止你在运动中受损伤；最终的目的就是提前预防损伤的发生。

错误动作一定是在跑步的某一动作过程中发生的，针对这个环节的技术训练可以修正你的技术偏差。可以说，是伤痛让你发现了自己的动作错误，虽然很艰辛，但也值得庆幸。对损伤原因的正确判断是防治损伤的关键。一般来讲，疼痛和损伤总是和你的落地动作有关，很多问题都是步幅过大，即着地点在身体之前和弯腰跑步造成的，这两个动作使你的身体处于极易受伤的状态。就像下图说明的一样，大部分伤害发生在落地的过程中，更精确一点，是在支撑阶段的前半部分发生的。

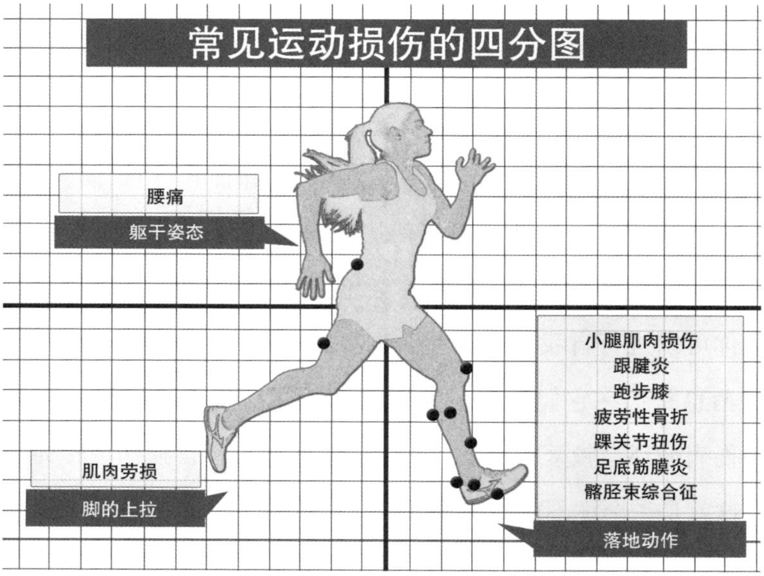

膝关节疼痛

造成膝关节疼痛的主要原因是在身体前面落地，即步幅过大，这种超前落地又有两种常见的不同姿态：直腿膝关节紧张于体前落地和膝关节过度弯曲于体前落地。

这两种落地姿态都给膝关节及膝关节周围的肌腱、软骨和韧带带来了过度的压力。当落地腿在身体之前或以膝关节紧张的状态落地时，落地腿不能像弹簧一样吸收来自地面的冲击力，这个冲击力被直接作用于膝关节，而人的关节并不能承受过大的冲击和负荷，肌肉却可以。

|矫正方法|

① 多做前倾过渡到跑步的练习。注意，要把脚上拉到臀部下方和用前脚掌着地这两个动作，留意体会足弓的弹性作用。

② 向前跑 20 ～ 30 米。

③ 重复跑 3 ～ 5 次。

髂胫束疼痛

髂胫束疼痛与膝关节疼痛非常类似，它们的成因也极为相似，都是在身体之前落地。它们的主要区别在于，造成髂胫束疼痛的动作不但是在体前落地，而且落地点过宽，这个动作阻止了臀部的向前运动。

这样的落地方法使你的落地点在臀部的自然宽度之外，也就是两脚落地点间的横向距离太大，容易造成膝关节的外弓和身体过度横向运动。每一次这样的落地动作都会让你的臀部，也就是你的身体重心被迫做出调整，以抵消过长的支撑时间。这就造成了髂胫束的过度使用。

|矫正方法|

做运动中的转换支撑练习（见第 135 页）5 ～ 10 组，每组 10 次，体会臀部的向前运动。

足底筋膜炎

同样，踝关节和脚部在僵直或紧张的状态下于体前着地，是造成这个高发的运动损伤的最根本的原因。下面就是造成足底筋膜炎的 4 个动作变形：

- 脚跟触地后以中正的姿态（既不内翻，也不外翻）完成落地，造成足部对地面的拍击和足部紧张。
- 在紧张的状态下用足中部着地。
- 在紧张的状态下积极着地，也就是脚趾和脚底保持紧张，主动下踏。
- 跑鞋太小，使脚处于蜷缩状态。

|矫正方法|

① 将身体重心知觉练习部分的弹性站姿、原地跑步和关键跑姿 3 个练习各做一遍。

② 连续跳绳 1 分钟，逐步增加到 3 分钟。注意动作节奏，用脚的跖球部着地。

外胫夹

形成外胫夹的元凶还是体前落地。体前落地造成落地腿的小腿与地面之间呈锐角，而不是呈直角垂直于地面，这也是应力性骨折和筋膜室综合征的起因。落地腿伸直（膝关节处于锁紧状态）在体前落地产生的冲力，可在胫骨的骨茎上产生剪切效应（shearing effect）。放松状态的关节可以帮助接纳和转换冲击力，而在关节锁紧时只能承受冲击力。而且，在落地腿主动下压踏地时产生的震动，也会造成胫骨骨膜脱离。

|矫正方法|

做运动中的转换支撑练习（见第 135 页）10 组，每组 10 次，组间间隔 30 秒。该练习的目的是培养在臀部之下的落地习惯，防止将冲击力作用于胫骨。

腰痛

腰痛的主要起因还是体前着地。作为对体前着地动作的抵偿，跑步者会弯腰跑步，因而造成背部过度紧张。上身在跑步时的正确姿态是保持竖直。

|矫正方法|

双腿交换支撑，各做 5 组弹性站姿落下练习 2 和 5 组关键跑姿落下练习 2（见第 142 页）。特别注意腿部的前倾动作，始终保持身体的直立姿态。

跟腱炎

最经常引发跟腱炎的动作是落地时踝关节紧张，使脚跟始终处于悬空状态，不与地面接触。这就造成跟腱始终处于伸张状态，不能通过进一步伸张吸收地面的冲击力。引发跟腱炎的另一个成因是，借助积极蹬地来获得向前的动力。虽然这两个错误动作产生的力的方向相反，但都阻止了跟腱的继续伸张，以缓解冲击力。这些技术问题还会造成连锁反应；跟腱是人体抵御吸收地面冲击力的第一道防线，一旦跟腱不能发挥它的功能，身体的其他部分将会承受地面的冲击，从而为它们带来负面影响。

矫正方法

① 以每秒 3 次的频率单脚或双脚跳绳，也就是每分钟跳 180 下。以连续跳 30 ～ 60 秒为一组，以适当间隔跳 3 ～ 5 组。

② 用运动中的转换支撑练习（见第 135 页）行进 20 米为一组，以适当的间隔做 3 ～ 5 组。

③ 做 3 ～ 5 次时长为 1 ～ 3 分钟的慢跑。跑步时注意放松踝关节，落地脚的跖球部着地后，紧跟着要让脚跟轻轻接触地面。

如果所有的矫正方法都不起作用，该怎么办

在防治运动损伤时，也要考虑到损伤造成的疼痛程度。如果损伤没有造成很大的痛苦，你一般可以在其恶化到一定程度，比如疲劳性骨折、软骨磨损、肌肉和韧带的撕裂之前纠正错误。然而如果痛苦难以忍受，你要停止一切训练，避免损伤的加重。

要时刻牢记，开始练习的时候要慢，然后逐步加大难度和力度。在发现自己不知如何安排练习或训练的时候，不要太强迫自己，做任何事情总有一个过程。也要记住，运动损伤并不仅仅是一个简单的挫折，它也是改正技术错误的大好机会。要通过调整你的学习节奏，使自己跑得更快、更好。

THE RUNNING REVOLUTION

HOW TO RUN FASTER, FARTHER, AND INJURY-FREE—FOR LIFE

PART 4

突破极限

THE RUNNING REVOLUTION

25

大猴子，小猴子

·如何制订适合自己的训练计划·

制订训练计划是件棘手的事，经常会让你感觉进退两难。训练计划应该是完全个人化的东西，但也经常要遵循一些放之四海而皆准的原则。但最终还是要你了解自己的身体状况，根据时间制订最适合自己的训练计划。你不可能始终做到准确无误，本书的这一部分将有助于提高你的判断力，帮助你做出正确的决定。

在我的祖国苏联，从20世纪20年代开始的50年中，一个由科学家组成的团队进行了针对哺乳动物体能活动的一系列划时代的研究。我们就把它叫作“大猴子、小猴子研究”吧。研究中，一群猴子先被放置在一个大笼子中，在这里它们可以做爬高、跑动等它们愿意做的任何活动。它们的活动被精确统计并绘制成图表，每只猴子一天的正常活动量被作为基准数据记录下来，从中可以看出，一些猴子的活动量比其他猴子大一些。在实验的第二阶段，同样一群猴子被置于非常狭小的笼子里半天的时间，由于空间狭小，这些猴子几乎不能做任何活动。在后半天的时间里，这群猴子又重新被放回大笼子里面。研究者发现，作为对前半天的补偿，所有的猴子都在重新回到大笼子后加大了活动量，它们在 24 小时内的总活动量，不管是高还是低，都达到了它们各自的基准数据值。在进一步的实验中，无论猴子的活动量首先被剥夺还是被迫增加，最后得出的结果都非常相近。例如，如果在一个星期的前半段时间限制了一只猴子的活动，那它在这个星期的后半段时间的活动量就会增加，而使整个星期的活动量和正常一个星期的基准数据相等。当研究者在一个星期内让一只猴子的活动量被迫增加到平时的 2 倍时，相反的情况发生了：在第二个星期，这只猴子以大大减少自己的活动量来补偿自己前一个星期中的过度体力支出。

这个研究结果显然对人类的运动训练有着重要意义。在制订训练计划时，首先要知道你是个“大活动量的猴子”“中等活动量的猴子”，还是个“小活动量的猴子”，这和你的体形无关。一个骨骼粗壮、肌肉发达的运动员可能是个“小活动量的猴子”，而一个瘦小结实的运动员有可能是个“大活动量的猴子”。

在取得博士学位时，我曾经是弗拉基米尔·迪迦切科夫（Vladimir Dijachkov）的学生，他是苏联著名的田径教练，培养了前世界纪录保持者和奥运会冠军瓦列里·布鲁梅尔（Valeri Brumel）[①]。当时我有幸看到了布鲁梅尔在 1960—1964 年连续打破世界纪录时期的训练日志。

从日志中可以看出，他是个“小活动量的猴子”，但这并没使他的优异成绩受到影响。让我意外的发现是，当他把每个星期的训练天数从 3 ～ 4

① 世界公认的有史以来最伟大的跳高运动员之一。——译者注

天增加到 5 ～ 6 天时，身体状态和成绩反而会下降。

最大摄氧量（VO_2 max，在运动中有效消耗氧气的能力）的概念是美国最伟大的运动生理学家大卫·科斯蒂尔博士（Dr. David Costill）的研究成果。他的研究显示，通过训练，一个人的最大摄氧量只能比开始训练之前最多提高 10% ～ 15%,而且需要 12 个星期的训练才能达到这个水平。任何大运动量和大强度的训练都不会使你的最大摄氧量升高，这个阈值对你来说是与生俱来的。

现在的问题是，怎么才能知道你属于什么类型的“猴子”？只有通过不断的尝试才能完成这个归类，这个过程也涉及你在心理和生理方面的感觉。如果你的训练内容与你的遗传生理特征不相符合，反映在你的训练日志上的就会是莫名其妙的挫折感、对别人的过度指责和对训练的厌倦。这时你很可能已经训练过度了，需要调整恢复一下。从另一方面讲，如果你能够每天进行大运动量的训练，而且不断加大训练强度，同时还保持不错的心态，那你大概是个“大活动量的猴子”。

一旦了解了自己在运动方面的生理特征，你就可以学习制订训练计划了。制订训练计划要考虑的 4 个基本要素是：训练量、训练强度、训练内容和休息。

- **训练量**。每个星期跑多少公里？每个星期训练几天？这个训练量要维持几个星期？所有的身体活动都要包括在内：打篮球、举重或一个星期一次动感单车训练。
- **训练强度**。你的跑步速度与你的最快速度相差多少？冲刺跑是高强度训练，慢跑是低强度训练。

- **训练内容**。多长时间调整一次训练内容？你每天的训练内容一样吗？你每天都调整训练内容吗？你是不是为了达到训练目标而有意调整了训练内容？训练内容的调整要有计划，不要随机进行调整。
- **休息**。休息就是停止训练，从而让身体有时间恢复，它是防止训练过度的重要手段。就像训练内容一样，要把休息列入训练计划。

这 4 个基本要素交织在一起，要像管弦乐队中的乐器一样此起彼伏。下面就是一些使它们协调发挥作用的一般准则。

永远不要在增加训练量的同时加大训练强度，这会导致训练过度。如果你依照一个不停地加大训练量，同时又在增加训练强度的方案训练，身体出现问题是迟早的事。你不可能在这样的压力下长时间坚持。

不管你的训练周期是一个星期、一个月、三个月、半年，还是一年，在一个训练周期内，训练内容都要有计划地进行调整。训练计划的安排取决于你的训练目标、身体状况、准备参加的比赛以及希望能够完成的最长距离。

我们看看某一个星期的训练计划。比如，星期一是高强度的速度训练，星期三是强度较低的距离训练，星期六是越野跑或沙滩跑。这就是一个由不同的训练内容构成的一个星期训练计划。从长期的角度考虑，你也可以筹划一个时长为 4 个星期的训练计划，这时你可以考虑每个星期安排 3 次速度训练，这意味着你每次训练的重点都放在速度上，根本没有耐力训练。训练内容的安排完全取决于你的训练目标。

应该将休息作为长期计划中的重要内容来对待。专业运动员有比赛淡季作为休整期，但很多业余运动员却一年到头坚持训练，从不间断。你应该在一年中安排相当长的一段时间用来休息。这就是在体育运动中休息这个概念里“过渡”这个词的含义。过渡就是给你的身体一个修复的机会，使运动成绩进一步提高。应该以 3 ～ 4 个星期的时间作为过渡期。在过渡期内不要完全停止身体活动，而应该变换练习方法，在心理上也给自己一个放松的机会。在过渡期，你可以练一个月的瑜伽或一边骑固定自行车，一边看书，也许在这期间，你还会产生一些新的训练想法。在过渡期即将结束的时候，你就可以着手制订下一阶段的训练计划。

以上这些是你制订训练计划的基本要求。为将它们运用到实践中去，你可以草拟一个为期一年的训练计划，其中要包括一个月的过渡期。

当你要采纳你在杂志里、书中或网上发现的一个训练计划时，你也可以用上述原则对它做一下评估。当然，在制订计划时也一定要考虑到你是个什么类型的“猴子”。

THE RUNNING REVOLUTION

26

全能训练计划

·5公里，10公里，半马，全马·

一眼看上去，训练就是为提高跑步成绩而简单地按照计划进行的练习。这当然没错，但是训练也是提高自信心和知觉能力的过程。通过按计划训练，可以逐步增加你的自信心，这也是发现你的身体在生理和心理方面如何在负荷下工作的过程。通过实施一个设计完好的训练计划，你可以学会识别你的疲劳阈值，增强抗干扰能力，防止消极想法的产生。

每一个训练计划的核心部分都要可以计量。计量就是用数据记录成绩的提高，评估训练手段和防止训练过度。计量也要跟踪你按计划训练时的跑速、在不同速度下的跑步距离以及总距离。

下面的每一个训练计划都要求每个星期至少训练 3 次，每次训练都要由 3 个部分构成：准备活动、训练部分和拉伸。当然，也要时刻更新你的训练日志。每个星期的训练都要有不同时间和不同距离的训练，当然，也要包含速度训练。

以不同的速度训练，可以锻炼你身体的所有主要能量供应系统。因此，你的训练应该在各种不同的速度下进行。你的身体就像一辆汽车，要把它开到空旷地带以最高速行驶，把车上所有的“蜘蛛网”都吹干净。通过这样的训练，你的运动引擎可以调整到最佳状态。为了达到训练目的，这样做比每个星期不停地加大训练距离更加有效。每个星期 160 公里的跑量并不意味着你可以以最佳状态完成马拉松比赛。

研究发现，超过一定距离的长距离训练对运动员在生理方面的有益影响是有限的。健身运动的先驱肯尼斯·库珀博士（Dr. Kenneth Cooper）是第一个证实这一点的人。在过去的 30 年中，我利用他的理论，并结合自己的研究结果，编制了一个为不同距离的比赛制订的基础训练计划。在这个训练计划中，完全不包括那些既毫无必要，又有可能给你的身体造成伤害的长距离训练内容。长距离训练的唯一好处是在心理方面，它让你自信能够跑完比赛的全程。不过一旦完成过几次长距离比赛，你在距离方面的自信会自然而生，从而把精力放在比赛成绩上。

第一个为期 4 个星期的训练单元针对的是 5 公里比赛。之后的每一个单元都是在前一个单元的基础上进一步累积而成，一直逐步叠加到适合马拉松比赛的训练内容。实际的训练是这样的：如果你只打算参加 5 公里比赛，完成前 4 个星期的训练就可以了。如果要跑 10 公里的比赛，你还需要完成另外 4 个星期的训练。就这样一直过渡到最长的比赛距离：为参加半程马拉松比赛，你还需要继续把下一个为时 4 个星期（一共需要 12 个星期）的训练完成；最后是为全程马拉松做的训练准备，你还要把最后 4 个星期的训练内容包括在内，这时，你的总训练时间达到 16 个星期。

如果你不喜欢按部就班地进行训练，打算直接参加比赛，下面的 3 个基本原则可以帮助你更好地临场发挥。同样，每个星期你至少要进行 3 次训练，而且每次训练也应该包括你一直做的准备活动和力量练习。

① 距离训练日。在这一天，你要用你感觉舒适的速度跑较长的距离，享受跑步的乐趣。

② 间歇训练日。先用你感觉舒适的速度跑，当你感觉轻松、舒适时，提高速度，跑到感觉呼吸困难时，降到提速之前的速度，直到你重新感觉舒适。连续重复这个过程 3 ～ 5 次。这一天的跑步距离要比距离训练日的短一些。

③ 速度训练日。在这一天的跑步中，要穿插一些冲刺跑的内容。你可以把它放在一个 10 ～ 15 分钟的舒适跑之前、中间或结尾部分。不要等到完全恢复后再进行下一个冲刺跑。要督促自己尽量完成 10 个 40 米的冲刺。这一天的训练时间要比间歇训练日的时间短。

你要调节总训练量，使之适合你将要参加的比赛距离。尽管你只想去试着跑一下，但还是要尽量避免每天连续训练。

比赛：5 公里，10 公里，半马，全马

下面的训练计划要求每个星期至少跑 3 次。我们中的大多数人的能量阈值完全可以胜任更频繁的训练活动，因此你也可以在这 3 次的规定训练之外，再增加一两次跑步或走跑交叉练习。但一定要确保这额外的一两次都是轻松跑，没有冲刺，没有变速，也没有节奏跑。

最重要的是，在每次训练中，你都要认真完成准备活动和力量练习。

现在你已经开始了真正的跑步训练，所以，这些练习比以前任何时候都重要。同样，跑步日志的辅助功能对你现阶段的训练也至关重要。随着跑步距离的增加，技术上的瑕疵更容易导致损伤的发生。记录你的每一次训练，可以使问题在变得失控之前被发现，要特别注意身体在疲劳状态下的技术动作。跑步日志可以帮助你有意识地发现通常在下意识中发生的事情。如果你不知道你的技术问题，就不可能纠正它们。

对录制你的技术动作的要求也是同样的。本书中的所有内容都是一个完整体系的一部分。所以，要继续定时录制和分析你的跑步视频。

如何使用竞赛准备图表

经过 10 节课的学习和 9 个星期的姿势跑法循环训练，竞赛准备训练可以将你的训练提高到一个新水平。下面是训练的一些指导原则：

- 如果第一个星期的训练计划对你来说难度较大，就以这个训练难度为目标，从你感到舒适的时间和距离练起。
- 在速度训练日中，如果感觉压力大，可增加间隔时间，减少练习重复次数。一般来讲，跑步间隔要达到 90 秒或直到你能够平顺呼吸为止。
- 尽量避免使用易于混淆的分数，让数字保持简单。要把距离标注为看上去相似的英里（1 英里 =1.609 3 公里）或公里数，避免几分之几英里或公里这样的表达。
- 这个训练计划是为中等水平的跑者制订的，为初学者和高水平业余跑者制订的计划可以在姿势跑法官网下载。

要牢记，重要的是质量而不是数量，我们的最终目的是：跑得更快、更远，但永远不要受伤。

在下面的时间表中，用星号标注的就是录制你跑步视频的最佳时机

THE RUNNING REVOLUTION

比赛	星期	第一次训练	第二次训练	第三次训练
5公里， 10公里， 半马， 全马	1*	9 公里(47～50 分钟) 5×200 米(48～51 秒)	1 公里 (4:35～4:54 分钟) 5×800 米 (4:06～4:22 分钟) 400 米(1:40～1:46 分钟)	2 公里 (9:23～10:00 分钟)
	2	10 公里 (56:40～60:00 分钟) 5×200 米(48～50 秒)	400 米(1:40～1:46 分钟) 10 分钟慢跑 2×1 公里 (4:35～4:54 分钟) 2×600 米 (2:40～2:46 分钟)	30 分钟慢跑 2×3 公里 (14:06～15:05 分钟)
	3	10 公里 (56:40～60:00 分钟) 5×200 米(48～50 秒)	400 米(1:40～1:46 分钟) 10 分钟慢跑 2×1 公里 (4:35～4:54 分钟) 2×600 米 (2:40～2:46 分钟)	30 分钟慢跑 3 公里 (13:40～14:38 分钟) 2 公里 (8:53～9:30 分钟)
	4	30 分钟慢跑	20 分钟慢跑 5×200 米（48～50 秒）	**5公里比赛**
10公里， 半马， 全马	5*	2 公里 (9:58～10:45 分钟) 1 公里 (4:47～5:06 分钟) 600 米 (2:50～3:02 分钟) 400 米 (1:39～1:46 分钟)	16 公里 (1:43～1:48 小时) 5×200 米（49～50 秒）	10 公里 (53:20～57:00 分钟)
	6	2×2 公里 (9:23～10:00 分钟) 2×1 公里 (4:40～4:58 分钟) 600 米 (2:40～2:51 分钟) 400 米 (1:34～1:40 分钟)	半马 (2:09～2:16 小时) 5×200 米 (48～50 秒)	10 公里 (51:20～54:45 分钟)

续表

比赛	星期	第一次训练	第二次训练	第三次训练
	7	2 公里 (9:10～9:48 分钟) 1 公里 (4:20～4:38 分钟)	13 公里 (1:22～1:26 小时) 3×200 米 (47～50 秒)	10 公里 (50:14～53:36 分钟)
	8	2×600 米 (2:50～3:00 分钟) 2×400 米 (1:36～1:42 分钟)	5 分钟慢跑 5×200 米 (47～50 秒)	**10 公里比赛**
半马， 全马	9*	1.6 公里 (7:50～8:36 分钟) 800 米 (4:16～4:32 分钟) 600 米 (2:51～3:03 分钟)	2×400 米 (1:45～1:52 分钟) 5 公里 (27:16～29:10 分钟)	16 公里 (1:29～1:31 小时) 5×200 米 (47～51 秒)
	10	2×1.6 公里 (7:46～8:18 分钟) 2×800 米 (4:17～4:22 分钟)	2×5 公里 (27:16～29:10 分钟) 2×400 米 (1:49～1:46 分钟)	半马 (1:54～2:00 小时) 5×200 米 (47～51 秒)
	11*	1.6 公里 (7:10～7:38 分钟) 800 米 (3:51～4:07 分钟 600 米 (2:36～2:47 分钟)	5 公里 (25:39～27:23 分钟) 3×400 米 (1:34～1:40 分钟)	16 公里 (1:27～1:29 小时) 5×200 米 (46～48 秒)
	12	2×600 米 (2:50～3:00 分钟) 2×400 米 (1:36～1:42 分钟)	5 分钟慢跑 5×200 米 (47～50 秒)	**半马比赛**
全马	13*	10 公里 (56:00～60:00 分钟)	2×2 公里 (9:58～10:42 分钟) 600 米 (2:46～2:58 分钟) 400 米 (1:46～1:50 分钟)	半马 (2:00～2:06 小时) 5×200 米 (48～50 秒)

续表

比赛	星期	第一次训练	第二次训练	第三次训练
	14	2 小时慢跑 2×3 公里 (15:06～16:03 分钟)	10 公里 (53:20～57:00 分钟) 600 米 (2:46～2:58 分钟) 400 米 (1:40～1:46 分钟)	半马 (1:57～2:03 小时) 5×200 米 (48～50 秒)
	15	1 小时慢跑 2 公里 (9:23～10:00 分钟) 600 米 (2:36～2:47 分钟)	1 小时慢跑 600 米 (2:52～3:08 分钟) 400 米 (1:43～1:50 分钟)	16 公里 (1:29～1:33 小时) 5×200 米 (47～49 秒)
	16	10 公里 (1:00～1:04 小时)	5×200 米(慢速跑)	**全马比赛**

THE
RUNNING
REVOLUTION

27

一直跑下去

·保持健康，享受快乐，战胜自我·

现在你已经学习了本书的全部内容，甚至已经参加了几场比赛，但这仅仅是个开始。就像高尔夫选手在球场上挥杆时会遇到开心和糟糕的时刻，你在跑步当中也能体验到类似的挫折或满足：跑得好时可以让你心满意足，遇到困难时又有可能垂头丧气。因此，你需要不停地评估和优化你的跑步动作。重要的是，你已经拥有了让你能够终生跑步的手段和技术。如果你真的热爱跑步，为什么不让自己跑得更好点儿呢？

要不断给自己设立新的努力目标，如果你在上个月的比赛中超过了个人最好成绩，那就试试开始你的马拉松训练。但要记住，运动能力要逐步积累。每次都要从第一个星期的训练开始，这会防止由于突然大量增加负荷而造成的运动过度。

冲刺和间歇跑的速度一定会随着训练的深入而显著上升，但对自己知觉能力的训练不要下降。随着运动能力的提高，准备活动和力量训练更是必不可少。同样不能放弃的是，定时录制和分析自己的技术动作视频，并及时更新自己的跑步日志。随着时间的推移，你会发现，再回头看看自己的训练心得，看看自己通过努力取得的进步过程，是一件非常愉快的事。从今天开始，你已经成了一个意识清晰的跑者，永远在磨炼自己的感知，永远在努力迈出一个又一个完美的步伐。

附　录

姿势跑法的技术要领

1. 要通过自由落下将臀部（身体重心）前移到身体支撑点（脚的跖球部）上方。
2. 身体呈关键跑姿时，保持肩部、髋关节和踝关节处于姿势跑法的平衡位置上。
3. 要始终保持膝关节的弯曲，不要完全伸直。
4. 要将体重集中在支撑脚的跖球部。
5. 双腿转换支撑的过程要迅速。
6. 在上拉时，要将脚踝直接从地面拉到臀部下方。
7. 支撑时间要尽可能短。
8. 要利用重力的作用，而不是肌肉的力量，不要用脚推蹬、抬膝或用大腿的股四头肌来驱动身体向前。
9. 不要用脚跟着地，在支撑过程中，脚跟与地面之间也只是轻轻接触，不要将体重落于脚跟。
10. 落下动作起始于支撑脚脚跟开始离开地面时。
11. 落下动作结束于摆动脚通过支撑腿的膝盖时。
12. 不要试图通过加大下肢动作幅度来加快跑步速度。
13. 不应将注意力集中在落地动作上，应该关注上拉动作。

⑭ 在落下的过程中，腿部的肌肉应该完全不使力，让它自由落下。

⑮ 脚踝始终要处于自然放松的状态。

⑯ 摆臂的目的是为腿部动作提供平衡。

跑步中的常见错误动作

① 用脚跟着地。

② 在体前着地，即步幅过大。

③ 收缩股四头肌主动蹬地，而不是收缩腘绳肌提腿。

④ 落地脚在臀部（身体重心）之前，以脚趾首先接触地面着地。

⑤ 脚尖下压着地，即足屈状态着地。

⑥ 以前脚掌积极主动踏地。

⑦ 与跑步无关的肌肉过于紧张。

⑧ 上拉迟缓。

⑨ 肩部过于紧张，未能起到缓解重力作用的功效。

⑩ 摆臂过于用力。

⑪ 跑步时心不在焉，大脑未能给肢体发出正确的指令。

⑫ 意念错误，未能在大脑中呈现正确的动作想象。

美国陆军训练评估表

为了让士兵对自己在不同赛程的比赛成绩有一个大概估计，我为美国陆军设计了一套训练评估表。这个表格对普通跑者也同样适用。首先，记录自己尽全力跑完 400 米的时间。要注意，这只是个测试。尽管你有 9 个星期的姿势跑法循环训练作为基础，为慎重起见，还是要量力而行。这个测试的最高速度也应该在安全范围之内，不应在测试结束时有快要晕倒的感觉。另外,测试之前要做好充分的准备活动。这个 400 米的成绩，就是你利用下面的表格预测不同赛程成绩的基础。这个表格可以让你对自己目前的成绩有个大概的认识，它也可以帮助你制定可行的训练目标。

全马	2:30.0 小时	2:45.0 小时	3:00.0 小时	3:15.0 小时	3:30.0 小时
400米	56.0 ～ 59.0 秒	61.0 ～ 64.0 秒	1:07.0 ～ 1:10.0 分钟	1:13.0 ～ 1:16.0 分钟	1:18.0 ～ 1:21.0 分钟

半马	1:20.0 小时	1:30.0 小时	1:40.0 小时	1:50.0 小时	2:00.0 小时
400米	60.0 ～ 63.0 秒	1:07.0 ～ 1:10.0 分钟	1:15.0 ～ 1:18.0 分钟	1:22.0 ～ 1:25.0 分钟	1:30.0 ～ 1:33.0 分钟

10公里	35:00 分钟	40:00 分钟	45:00 分钟	50:00 分钟	55:00 分钟
400米	1:02.0 ～ 1:05.0 分钟	1:10.0 ～ 1:13.0 分钟	1:19.0 ～ 1:22.0 分钟	1:27.0 ～ 1:30.0 分钟	1:36.0 ～ 1:39.0 分钟

5公里	18:00 分钟	21:00 分钟	24:00 分钟	27:00 分钟	30:00 分钟
400米	1:03.0 ～ 1:06.0 分钟	1:13.0 ～ 1:16.0 分钟	1:24.0 ～ 1:27.0 分钟	1:34.0 ～ 1:37.0 分钟	1:45.0 ～ 1:48.0 分钟

THE RUNNING REVOLUTION 跑步动作的分析 HOW TO RUN FASTER

脚跟着地	脚中部着地	前脚掌着地	趴地
关节承受冲击力	膝关节过度紧张	关节所受冲击力最小	力学上根本做不到

• 锁死的踝关节、膝关节和髋关节 • 落地时冲击力可达体重的3倍 • 支撑时间最长 • 易造成足部左右滚动	• 于体前落地产生刹车效应 • 由于杠杆效应使膝关节过度紧张 • 脚中部落地很难被精确重复 • 从脚的结构上看，根本不可能以脚弓着地	• 由于关节弯曲，冲击力得到分散 • 关节紧张度最小，承受的冲击力也最小 • 支撑时间最短 • 最大限度地利用了机体的弹力效应	• 体重在落地脚的后面 • 不能在脚部形成足够的动力驱动身体前进 • 缺乏重力的情况下肌肉不能发挥作用

关键跑姿

最佳平衡

必要环节

- 由前脚掌落地过渡到关键跑姿是最高效的身体前移方式
- 利用重力转矩使运动加速
- 使头部、肩部、臀部和脚处在最佳平衡位置
- 身体呈具有弹性的“S”形

落下

提高速度

必要环节

- 前倾落下的角度决定了跑步速度
- 落下呈关键跑姿是最有效的加速方法
- 用力摆臂不能提供前进动力

提膝

导致速度下降

- 过度使用髋屈肌
- 会造成身体重心运动速度的补偿性下降

蹬离

浪费体力

- 蹬离地面的动作主要使身体上下运动，在水平方向提供的动力有限
- 踝关节是身体最低的关节，只占2%的体重

上拉

跑得更远

必要环节

- 平均一个人要提高15spm（每分钟15次）的步频才可以利用到肌肉-肌腱的弹力机制
- 力学上的高效可以提高跑步的经济性
- 上拉动作的有效性由前倾角度决定

THE RUNNING REVOLUTION | 视频分析的6个要点 | HOW TO RUN FASTER

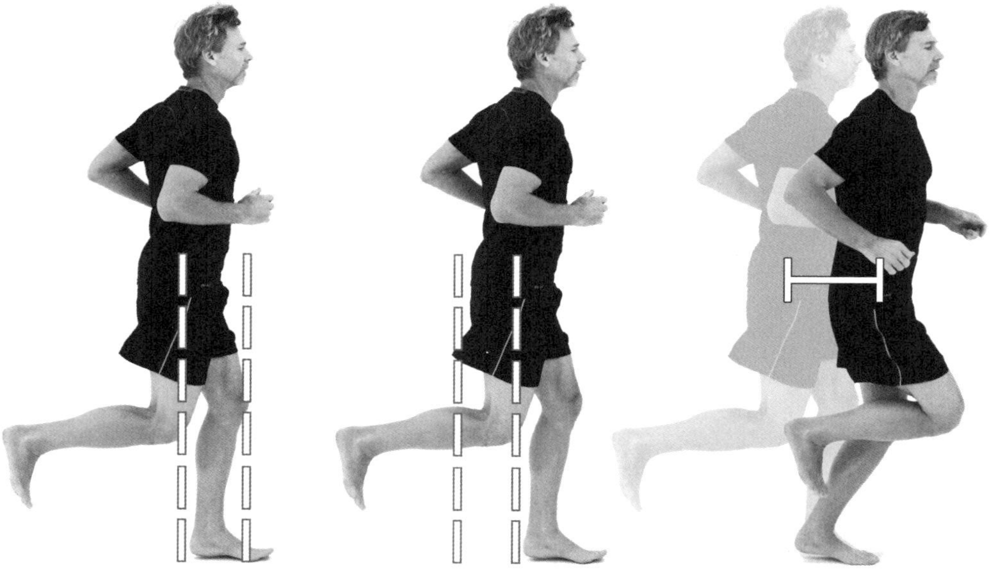

1. 脚掌刚落地

落地脚在轻微内旋的状态下尽可能地在身体下方着地

2. 摆动腿的滞后

落地脚着地时，摆动腿只是稍微落后于落地腿

3. 抵达关键跑姿的帧数

着地后，身体用1帧画面的时间成关键跑姿

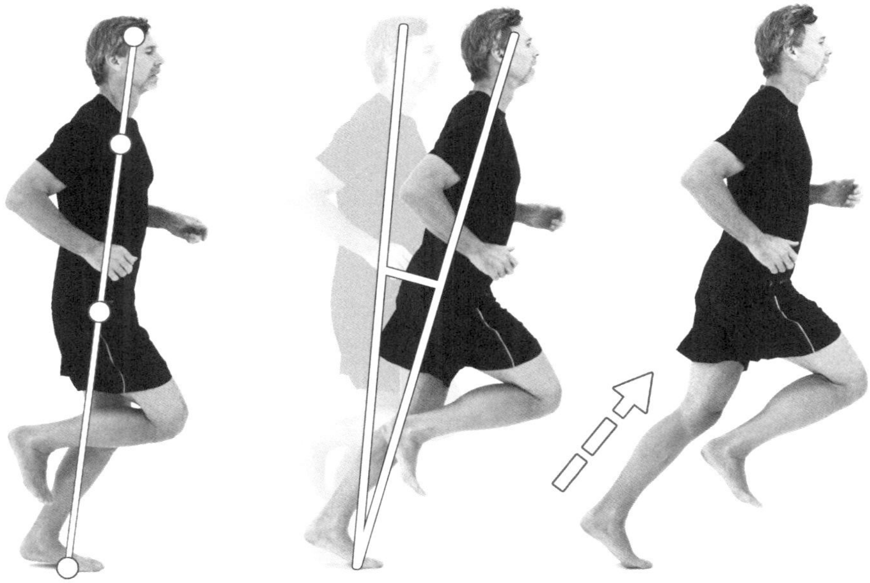

4. 校正姿势线

身体呈关键跑姿时，身体中心线接近完全垂直

5. 落下的临界点

身体接近直立时前倾落下，到摆动脚超越支撑腿时结束

6. 上拉进入腾空阶段

身体呈关键跑姿后，经过1帧画面的时间开始上拉支撑腿

THE
RUNNING
REVOLUTION
HOW TO RUN
FASTER,FARTHER,AND INJURY FREE—
FOR LIFE

术语汇编

前倾角度（angle of falling）

跑步速度与前倾角度密切相关。设想一下，你在底部用手竖着托起一个长长的泡沫轴时，通过手臂动作努力使它处于直立状态，维持平衡。当它向前倒下时，你一定要向前快速移动手臂，使它重新回到直立状态。泡沫轴的前倾角度越大，也就越难重新获得平衡。当它倾斜超过一定的角度时，你即便尽最大努力也不可能阻止它摔落到地面。同样的道理也适用于跑步：身体的前倾角度越大，腿部动作也就应该更快，使身体重新获得支撑后呈关键跑姿。与泡沫轴不同，在跑步时，你的身体并不是从头到脚成一条直线前倾，而是由臀部（身体的重心）前倾，而上身始终保持直立姿势。

体重（body weight）

地球的引力作用使地球表面的任何物体都向地面落下形成重力。体重与支撑有直接的关系。你可以根据脚上感受压力的位置来决定如何调整身体重心。例如，如果你感觉最大的压力来自脚的跖球部，那么这就是你身体重心所在的位置；如果你的脚跟感受到的压力最大，那么就是你的脚跟承担了大部分的体重。

步频（cadence）

单位时间内迈步的次数，通常以1分钟内双腿交替跑过的步数来表示。

身体重心（center of gravity）

你的身体重心就是当重力作用于全身时重力合力的作用点。它会根据身体活动发生变化。简单地说，当你以弹性站姿站立时，你的身体重心就在你的肚脐下方5厘米的位置。

腾空阶段（flight phase）

在跑步时，两脚都离开地面时，便进入腾空阶段。在传统术语中，它又叫恢复阶段。

肢体运动的几何限制机制（geometric restraint）

这是人体的一个自然保护机制，其机理是，当肢体的运动幅度接近相关关节的完全伸展角度时，肢体的运动速度会有所下降。这就避免了过度伸展等伤害的发生。如果观察优秀选手的跑步视频，你会发现，他们在跑步时从未把腿完全伸直过。完全伸展膝关节只会使你减慢速度或者加大受到损伤的可能性。

重力（gravity）

重力效应以同样的方式影响着地球上包括人体在内的所有物体，因此它也影响着你的肢体运动和跑步方式。唯一最佳的跑步方法就是能够充分利用重力的方法。为了利用重力，在跑步时要将臀部前移超过支撑脚，让你的身体搭乘重力的风帆，驱动身体不停地向前。

地面反作用力（GRF）

当你的脚和地面接触时就会产生地面反作用力。脚作用于地面的冲击力引发了来自地面的与冲击力大小相等的反方向力。这是牛顿第三定律的一个实例：相对于任何一个作用力，都会有一个与之大小相等、方向相反的反作用力。地面反作用力只是对冲击力的回应，并不能驱使你的身体向前，这在运动科学界已有共识。

落地（接触和支撑）[landing（contact and support）]

在姿势跑法中，你要用脚的跖球部在臀部下方着地，尽量减少支撑脚与地面的接触时间，避免产生过大的声响。落地时尽量避免在超越身体的位置用脚跟首先与地面接触。这并不意味着你的脚跟始终处于悬空状态，它与地面的接触是轻微的点到为止，支撑过程中绝大部分的体重应始终集中在脚的跖球部，这是最重要的。

肌肉–肌腱的弹力机制（muscle-tendon elasticity in running）

通过肌肉–肌腱的弹力机制，机体可以在跑步中应对地面的冲击力，将消极因素转化为积极因素。当你的脚与地面接触时，肌肉–肌腱通过伸张吸收了来自地面的冲击力，然后，在身体脱离支撑时通过回缩，将吸收的能量重新释放到运动中。对这个进程简单的比喻就是拉弓射箭：拉弓就像肌肉的伸张承载，而放开弓弦将箭射出，就类似通过肌腱回缩，将能量释放到下一步中。

对这个结构更准确的描述是肌肉–肌腱的弹力系统，它包括肌腱和周围韧带，就像汽车的弹簧减震和周围的固定结构一样，它们的作用就是吸收和释放能量。

在运动科学中，肌肉–肌腱的弹力机制也叫牵张–收缩循环。当肌肉–肌腱的弹力机制被有效利用时，可节省50%的运动能量。简单地说，如果在跑步中控制好肌肉的参与程度，你就会在消耗更少能量的同时取得更好的成绩。

步幅过大（overstride）

典型的步幅过大的动作就是落地点在身体之前，而不是在臀部下方。

关键跑姿的核心（pose core）

从身体重心向外扩展就是你的核心部位或者你的动力中心，也有人叫支持力量核心或动力中心。它不仅仅是腹肌，它由腹部、背部、臀大肌以及髋部、腰部、肩带和腰椎组成。与传统核心有些不同的是，跑步时关键跑姿的核心包括了整个脊柱。

跑者的核心部位，就好比在你身体周围画一个方框，方框的底边在臀部的下方，上边直接包含了你的肩部。你的头部自然置于方框的上方。这样，跑步时产生的能量可以最高效地在处于自然状态的身体中沿一条直线传播。如果由于肌肉力量不足或者关节的活动幅度和稳定性出现问题，从而造成这个能量传输系统的脱节，那么你跑步的动作效率就会大大降低。

关键跑姿的肢体定位（pose position alignment）

身体的支撑线始于脚的跖球部，通过臀部、肩部连接耳朵。这个肢体定位对于利用身体落下的势能、重力作用和肌肉–肌腱的弹力机制至关重要。

上拉程度（pull magnitude）

上拉程度就是在跑步中将腿上拉到臀部时的高度，它与跑步速度有直接关系。跑步速度越快，上拉程度也就越高，脚跟也更靠近臀部；速度越慢，上拉程度越小，脚跟离臀部就越远。在慢跑中，脚跟甚至低于支撑腿的膝关节。

跑步（running）

跑步时，双腿要同时离开地面，不然就是步行了。

S形曲线（S-shape curve）

S形曲线就是在跑步时身体应该呈现的形状：在跑步时，身体各关节不要完全伸展，应保持“S”形，类似于被压缩的弹簧状姿态，就像能够快速奔跑的动物一样，充分利用肌肉–肌腱的弹力机制和肢体运动的几何限制机制。

弹性站姿（springiness position）

弹性站姿是运动的准备姿势。身体呈关键跑姿的肢体定位，体重集中在脚的跖球部。在开始练习或学习任何课程之前一定要熟悉这个姿势。

单步（step）

行进中，从一只脚接触地面，到另一只脚接触地面之间的动作过程就是一个单步。

复步（stride）

行进中，从一只脚接触地面，到同一只脚再次接触地面之间的动作过程就是一个复步。

步幅（stride length）

行进中，前一个支撑点到下一个支撑点之间的距离就是步幅。

摆动腿（swing leg）

行进中，完成脱离地面前移超越支撑腿，然后落地成为新的支撑腿，这一动作过程就是摆动腿。

转矩（torque）

转矩是作用于物体上、使之发生旋转的力矩。在跑步过程中，在方向向下的重力的作用下，由于腿部的支撑作用，跑者的身体重心会产生向前的旋转力，从而驱动身体前移。

步行（walking）

在行进中始终有一条支撑腿接触地面。

致　谢

如果没有我的家人、同事和朋友的大力协助，这本书永远也不会与读者见面。通过他们的共同努力，我才得以把我的跑步知识与世界各地的跑者分享。我将永远感激他们。

我的妻子斯维特拉娜的热情与奉献，女儿玛丽安娜的鼓励、拉娜的创造性工作，儿子塞韦林的专注与支持、尼基令人感动的帮助，以及孙女索菲娅，始终是我工作的动力。

我对合作伙伴寇特·布伦加的感激无以言表，是他的才华帮助我将自己的想法以通俗易懂的方式流畅地表达出来。真诚地感谢我亲爱的朋友和同事格雷厄姆·弗莱彻博士（Dr. Graham Fletcher），他的努力、奉献为姿势跑法提供了无价的科学依据；衷心感谢本·里德（Ben Reid），他的创造性工作为本书提供了精美的图片和插图。最后，我还要感谢随叫随到的摄影师路易斯·皮诺尔（Luis Pinol）。

谢谢你们，我的朋友尼科尔·万斯拉罗（Nicole Vassilaros）、克里斯·德罗兹德（Chris Drozd）、艾德·布加林（Ed Bugarin）、卡罗尔·贾克森（Carol Jaxon）、埃克·施瓦兹（Eike Schwartz）。感谢你们在摄影棚中不知疲倦地工作，你们是我能找到的最好的体育模特。

由衷地感谢世界各地的跑者、铁三运动员、热心的健身爱好者，感谢他们将姿势跑法作为自己的跑步方法。这一直是我不断努力、完善我的工作的最大动力。

尼可拉斯·罗曼诺夫

感谢罗曼诺夫博士以及他的家人在迈阿密对我的热情招待，也对罗曼诺夫博士和塞韦林耐心地和我分享他们的知识表示感谢。感谢丹·斯通（Dan Strone）和三叉戟媒体集团（Trident Media）对我的鼓励。也要特别感谢我的兄弟，在和他谈起健身和运动的时候，他总能给我带来很多启发。当然还有我的母亲，感谢她的幽默和对我工作的持续关注与支持。

感谢企鹅出版集团包括编辑、制作人员和销售部员工在内的每一位员工，是他们将这本书呈现到读者面前。我们要特别感谢出色的编辑人员：整个过程从泰拉·辛格·卡尔森（Tara Singh Carlson）开始，然后交给丽丝·凡·胡斯（Liz Van Hoose），之后丽丝又将稿件交给拉蒙娜·得姆（Ramona Demme）；书稿最终又回到泰拉手中进入最后阶段——这是完美的团队合作。感谢资深公关梅雷迪思·伯克斯（Meredith Burks）的努力工作，以及总编帕特里克·诺兰（Patrick Nolan）在最后阶段对这本书的出版给予的大力支持。

寇特·布伦加

THE

RUNNING

REVOLUTION

HOW TO RUN

FASTER,FARTHER,AND INJURY-FREE —

FOR LIFE

译者后记

每个人都会跑步，但绝大部分跑步者的跑步技术都有这样或那样的问题，比如据相关统计，大约 80% 的跑者的落地点都过分超前。这些问题不但造成动作效率的下降，更有可能导致运动损伤。罗曼诺夫博士在《姿势跑法：跑得更快，更有效率，不受伤的跑步方法》这本书中，通过对姿势跑法这个独到的跑步理论体系的讲解，以及以具有针对性的辅助练习为基础的学习方法，将跑步作为一个全新的技能展现给读者。《姿势跑法：跑得更快，更有效率，不受伤的跑步方法》并未通过对具体错误动作的纠正来改进读者的跑步技术，而是让读者在掌握姿势跑法这一崭新的跑步技术的过程中，自然而然地分割和摆脱任何有偏差的技术动作，使提高跑步技术不再是一件充满顾此失彼和似是而非的痛苦过程。

在自习跑步技术的方法方面，罗曼诺夫博士在《姿势跑法：跑得更快，更有效率，不受伤的跑步方法》中也介绍了很多独到的自我反馈和分析手段。特别值得一提的是，训练课第十课中提到的跑步的想象练习，虽然内容不多，却不应被忽视，尤其是在自我培训的过程中。

本书的翻译过程也是一个学习过程，虽自认已尽力，但在对姿势跑法的理解和表达方面难免有不尽如人意的地方，还望各位跑友海涵。我也衷心祝愿大家能够将罗曼诺夫博士的姿势跑法理念运用到自己的跑步运动中，并真正实现无伤痛地跑得更快、更远。在本书的翻译过程中，我得到了下列几位朋友的大力协助：沈明、叶明、叶圣龙、王俊强，在此向他们表示衷心的感谢！

未来，属于终身学习者

我们正在亲历前所未有的变革——互联网改变了信息传递的方式，指数级技术快速发展并颠覆商业世界，人工智能正在侵占越来越多的人类领地。

面对这些变化，我们需要问自己：未来需要什么样的人才？

答案是，成为终身学习者。终身学习意味着具备全面的知识结构、强大的逻辑思考能力和敏锐的感知力。这是一套能够在不断变化中随时重建、更新认知体系的能力。阅读，无疑是帮助我们整合这些能力的最佳途径。

在充满不确定性的时代，答案并不总是简单地出现在书本之中。“读万卷书”不仅要亲自阅读、广泛阅读，也需要我们深入探索好书的内部世界，让知识不再局限于书本之中。

湛庐阅读 App：与最聪明的人共同进化

我们现在推出全新的湛庐阅读 App，它将成为您在书本之外，践行终身学习的场所。

- 不用考虑“读什么”。这里汇集了湛庐所有纸质书、电子书、有声书和各种阅读服务。
- 可以学习“怎么读”。我们提供包括课程、精读班和讲书在内的全方位阅读解决方案。
- 谁来领读？您能最先了解到作者、译者、专家等大咖的前沿洞见，他们是高质量思想的源泉。
- 与谁共读？您将加入优秀的读者和终身学习者的行列，他们对阅读和学习具有持久的热情和源源不断的动力。

在湛庐阅读 App 首页，编辑为您精选了经典书目和优质音视频内容，每天早、中、晚更新，满足您不间断的阅读需求。

【特别专题】【主题书单】【人物特写】等原创专栏，提供专业、深度的解读和选书参考，回应社会议题，是您了解湛庐近千位重要作者思想的独家渠道。

在每本图书的详情页，您将通过深度导读栏目【专家视点】【深度访谈】和【书评】读懂、读透一本好书。

通过这个不设限的学习平台，您在任何时间、任何地点都能获得有价值的思想，并通过阅读实现终身学习。我们邀您共建一个与最聪明的人共同进化的社区，使其成为先进思想交汇的聚集地，这正是我们的使命和价值所在。

著作权合同登记号　图字：11-2023-285
The Running Revolution: How to run faster, farther, and injury-free —for life by Nicholas Romanov and Kurt Brungardt
First published in Penguin Books 2014.

图书在版编目（CIP）数据

姿势跑法：跑得更快，更有效率，不受伤的跑步方法 /（美）尼可拉斯·罗曼诺夫，（美）寇特·布伦加著；王澎译 . — 杭州：浙江科学技术出版社，2023.9
ISBN 978-7-5739-0831-5

Ⅰ. ①姿… Ⅱ. ①尼… ②寇… ③王… Ⅲ. ①跑—健身运动—基本知识 Ⅳ. ①G822

中国国家版本馆 CIP 数据核字（2023）第 163119 号

书　　名	**姿势跑法：跑得更快，更有效率，不受伤的跑步方法**
著　　者	[美] 尼可拉斯·罗曼诺夫　[美] 寇特·布伦加
译　　者	王　澎
出版发行	**浙江科学技术出版社** 地址：杭州市体育场路347号　邮政编码：310006 办公室电话：0571－85176593 销售部电话：0571－85062597 E-mail:zkpress@zkpress.com
印　　刷	唐山富达印务有限公司

开　　本	710mm × 965mm　1/16	**印　　张**	16.25
字　　数	210 000	**插　　页**	1
版　　次	2023年9月第1版	**印　　次**	2023年9月第1次印刷
书　　号	ISBN 978-7-5739-0831-5	**定　　价**	99.90元

责任编辑	余春亚	**责任美编**	金　晖
责任校对	张　宁	**责任印务**	田　文